求职能力实训营课程教材

求职能力实训手册

人力资源社会保障部职业能力建设司	
中国就业培训技术指导中心	组织编写

中国劳动社会保障出版社

图书在版编目（CIP）数据

求职能力实训手册/人力资源社会保障部职业能力建设司，中国就业培训技术指导中心组织编写. -- 北京：中国劳动社会保障出版社，2022

ISBN 978-7-5167-5516-7

Ⅰ.①求… Ⅱ.①人…②中… Ⅲ.①大学生-职业选择-高等学校-教材 Ⅳ.①G647.38

中国版本图书馆 CIP 数据核字（2022）第 122415 号

中国劳动社会保障出版社出版发行

（北京市惠新东街 1 号　邮政编码：100029）

*

北京市白帆印务有限公司印刷装订　　新华书店经销

787 毫米×1092 毫米　16 开本　12 印张　201 千字

2022 年 9 月第 1 版　　2025 年 11 月第 14 次印刷

定价：49.00 元（求职能力实训手册+求职档案）

营销中心电话：400-606-6496

出版社网址：http://www.class.com.cn

版权专有　　侵权必究

如有印装差错，请与本社联系调换：(010) 81211666

我社将与版权执法机关配合，大力打击盗印、销售和使用盗版图书活动，敬请广大读者协助举报，经查实将给予举报者奖励。

举报电话：(010) 64954652

编审委员会

主　　任：刘　康　吴礼舵
副 主 任：王晓君　田　丰　张　达　章　谦　王　颖　周国良
委　　员：谈宇德　朴京爱　张　薇　沈　浩　张云鹰　翁海明
　　　　　陆　健　陈　浩　夏丽雯

编写人员

主　　编：谈宇德　张云鹰
副 主 编：朴京爱　郑海琳
参与编写：（按姓氏笔画排序）
　　　　　丁　洁　丁秀华　丁宏杰　王韦懿　毛心宇　田　颖
　　　　　朱科文　刘雯契　孙　妍　孙　炯　李　弘　李　莹
　　　　　杨剑锋　吴青芳　邱　羚　张　帆　张　涛　张应杰
　　　　　武　亭　郑　琳　孟　莉　胡珍剑　诸　颖　黄晓琳
　　　　　崔文凯　寇　蕊　傅裕栋　廉串德　熊晓燕

前言

党中央、国务院高度重视高校毕业生等青年群体就业工作。各级人力资源社会保障部门将高校毕业生等青年群体就业作为就业工作重中之重，精准施策，多方发力，确保就业局势总体稳定。针对青年人就业难题，上海、山西等地开展求职模拟、求职能力集中训练和职业体验等技能培训课程，帮助青年人提升就业技能；通过培训与公共就业服务联动，促进青年人就业。

为帮助离校未就业高校毕业生等青年群体提高就业和求职能力，2021年，在借鉴有关地方工作经验的基础上，人力资源社会保障部职业技能提升行动领导小组办公室印发《关于开展求职能力实训营项目试点工作的通知》，组织开展求职能力实训营项目，促进青年群体就业。

为深入贯彻落实《"十四五"职业技能培训规划》，指导各地有效开展求职能力实训营项目工作，人力资源社会保障部职业能力建设司和中国就业培训技术指导中心组织专家，结合求职能力实训营教学特点和训练对象情况，编写了求职能力实训营课程教材。

求职能力实训营课程教材包括《求职能力实训手册》（学员

用书）和《求职能力实训讲师手册》（讲师用书）。教材在内容上力求体现"以职业能力培养为导向，以就业能力提升为核心"的指导思想，突出实际操作训练特色，着力帮助青年群体增强就业意识，提高就业愿望，明确就业目标，制订求职计划，开展就业实践，实现提升就业技能的目标。

本教材在编写过程中得到上海市就业促进中心、上海巴伐利亚职业培训咨询有限公司等单位的大力支持与协助。教材出版前，分别在上海市浦东新区、徐汇区、杨浦区、宝山区等地进行试用，试点地区对教材修订工作贡献了智慧，在此一并致谢！

教材如有不妥之处，敬请读者谅解。在使用过程中有何问题请及时反馈，以便再版时进行修正。

人力资源社会保障部职业能力建设司

中国就业培训技术指导中心

目录

第一篇　求职认知篇 /001

　　第一章　自我激发：我为什么要找工作 /003
　　　　第一节　就业动机及态度 /003
　　　　第二节　就业观念 /010
　　第二章　自我画像：我是怎样的我 /017
　　　　第一节　职业心态 /017
　　　　第二节　职业潜能 /019
　　　　第三节　职业价值观 /022
　　　　第四节　职业兴趣 /024
　　　　第五节　职业性格 /029
　　　　第六节　职业能力 /033
　　第三章　自我思考：我能找到怎样的工作 /039
　　　　第一节　发现机会 /039
　　　　第二节　职业认知分析 /043
　　　　第三节　职业访谈 /050
　　　　第四节　企业参访 /055
　　第四章　自我定位：我最适合怎样的工作 /058
　　　　第一节　岗位搜索 /058
　　　　第二节　招聘信息解读 /060
　　　　第三节　职业决策分析 /064
　　　　第四节　做出合理的职业决策 /068

第二篇　求职实战篇 /071

第五章　我的求职档案：谱写我的求职之路 /073
第一节　自我分析报告 /073
第二节　求职计划 /076

第六章　我的求职简历：梳理我的"卖点" /087
第一节　简历制作 /087
第二节　简历的投递 /097
第三节　求职信 /101

第七章　我的面试准备：演练我的面试 /105
第一节　准备面试 /105
第二节　模拟面试 /111
第三节　企业甄别 /112

第八章　我的专属路演：提升我的职场能力 /115
第一节　路演的组织策划 /115
第二节　职场工作能力培养 /118

第一篇

求职认知篇

"预则立，不预则废"，缺乏好的准备，成功就业可能就会离我们越来越远。本篇内容围绕自我激发、自我画像、自我思考、自我定位四个环节，层层深入，帮助求职者系统全面地了解开启求职之路需要做好哪些准备，有效提高求职成功率。

第一章 自我激发：我为什么要找工作

"我为什么要找工作"是每一个准备进入职场的求职者必须问自己的问题，对这个问题的思考会影响求职者的职业生涯规划，决定其职业生涯可能持续的时间。当我们问自己这个问题时，我们的求职探索之旅也即将开启。本章将帮助求职者了解自己的就业动机及态度，树立正确的就业观念，为求职就业做好思想上的准备。

第一节 就业动机及态度

就业动机及态度往往会影响求职就业的积极性，也会影响求职者最终的职业选择。因此，明确就业动机和端正就业态度是求职探索之旅的第一站。下面就让我们先对就业动机及态度进行探索吧。

一、多维度认识自我：6维绘画自我介绍法

提升求职能力是一个需要不断认识自我和认识他人的过程，并让自我置身于与他人的互动关系中，通过相互作用和影响而逐步实现。所以，梳理就业动机及态度，要从多维度认识自我开始。自我介绍是认识自我和认识他人的有效方法，也是企业面试官考察求职者就业动机及态度的重要手段。自我介绍可以呈现出不同类型和不同形式，贯穿求职就业的全过程。

从心理学角度来说，绘画往往是我们主观意识的直观反映。将这种形式与自我介绍相融合，从6个维度入手审视自我，可以用来考察和探寻就业动机及态度。6维绘画自我介绍法的具体内容如图1-1所示。

通过6维绘画自我介绍法的运用，每个人可以打开自我，向他人展现自我并发现一个不一样的自己，也可以从中发现同伴身上的闪光点，在求职能力实训营（以下简称"实训营"）启动之前增进团队伙伴之间的了解，加深对彼此的期待，营造融洽的气氛，开启一个不一样的自我探索之旅。

图1-1　6维绘画自我介绍法的具体内容

粒粒的故事

粒粒,应届毕业生,所学专业为商务贸易专业。粒粒在校期间因忙于课业和参加学校的社团活动,实习经历很少,仅有一次在一家广告公司做项目助理的毕业前实习经历。转眼到了毕业的时刻,粒粒陷入了无限迷茫中,她不知道自己所学的专业应该对口什么工作,也不清楚自己究竟适合怎样的工作。家人一直强调第一份工作的重要性,对粒粒的期望非常高,不知不觉也使她放缓了找工作的节奏。粒粒觉得自己没有想清楚就无法动起来,找不到好工作就宁可在家"蛰伏"。于是,粒粒开始了一段艰难的自我摸索过程,直至毕业还没有找到适合自己的工作,她甚至不知道自己应该从何做起。

带着困惑的粒粒来到了实训营……

第一章　自我激发：我为什么要找工作

案例 2

威威的故事

　　威威，应届毕业生，所学专业为物流专业，与粒粒是高中同学。只因当年报考专业时拗不过父母的坚持，威威放弃了自己喜欢的小语种专业。虽说大学四年他基本上都能以低分飘过的成绩通过考试，但学习过程一直比较痛苦，渐渐地他对什么事都得过且过。不知不觉到了毕业时刻，周围人都在忙着找工作，而威威却始终漠不关心。

　　威威从高中起就热爱动漫游戏，他感觉只有这件事情可以治愈他，于是越发喜欢宅在家中的生活，整天沉溺在动漫游戏的世界中，不愿走出家门。

　　一次偶然的机会，威威听粒粒提起实训营，带着一丝好奇，威威也来到了这儿……

　　在实训营的第一天，粒粒和威威按照讲师的要求用 6 维绘画自我介绍法进行自我介绍，开启了与其他学员相互熟悉的旅程。

练习 1　绘制我的 6 维自我介绍图

　　请用 6 维绘画自我介绍法在求职档案 1 中绘制自我介绍图。然后，试着向全班学员介绍自己。

小结

　　6 维绘画自我介绍法是用于了解自我和他人的很有效的工具，可以帮助我们正确认识自我，探索自己的就业动机及态度。

练习 2　我的部门

　　我们即将开启职场体验之旅，请在求职档案 2 中记录下自己所在的部门信息。

小结

实训营是一个真实模拟职场的体验式培训项目,开营第一天就开启了学员们的职场体验生活,让学员们沉浸在真实的公司运作模式中。因此,分部门活动非常重要,将为学员们今后在实训营的培训安排奠定基础。

二、挖掘就业动机

挖掘就业动机主要有两个目的:一是了解自己的就业动机,为找到适合自己的职业发展方向做准备;二是梳理自己的就业动机,为做好职业生涯规划提供依据。

我们往往会采用自我追问的方式挖掘就业动机,而最常见的问题就是:"工作对于我来说意味着什么?"由此引发我们正向深入地思考自己的就业动机。

然而,我们有时可能无法从正向思考中探寻出明确的答案,这时不妨进行反向思考:"如果不工作,我做什么才能保证生存?"对这个问题进行分析,通常会有消极和积极两种选择,如图1-2所示。

(一)消极选择

消极选择就是不工作,可以在家"啃老""躺平",暂且不考虑就业这件事。但进一步思索,长辈能给予我们的物质条件是有限的,随着他们年龄的增长,我们还可以依靠他们多久?终有一天我们还是不可避免地要面临求职就业,设想一下,到那时仍没有工作经验的我们,能否适应彼时的就业市场。

(二)积极选择

积极的选择有很多,这里主要列举常见的四个积极选择供学员了解。当然,作为当代高校毕业生,找工作并非我们唯一的选择,但当面临选择时,我们仍需要扪心自问,这样的选择究竟适不适合自己。

一是创业。创业是当前的热门话题,尤其大学生创业也越来越普遍。那么,创业需要哪些要素呢?"创业教育之父"杰弗里·蒂蒙斯(Jeffrey A. Timmons)教授经过多年理论研究和实践探索,认为成功的创业活动过程必须能有效地对商业机会、创业团队和创业资源这三个创业活动中的基本要素进行最适当的搭配,并随着事业发展实现动态平衡。当我们判断是否适合创业的时候,不妨带着这三个要素去思考,再做出

第一章 自我激发：我为什么要找工作

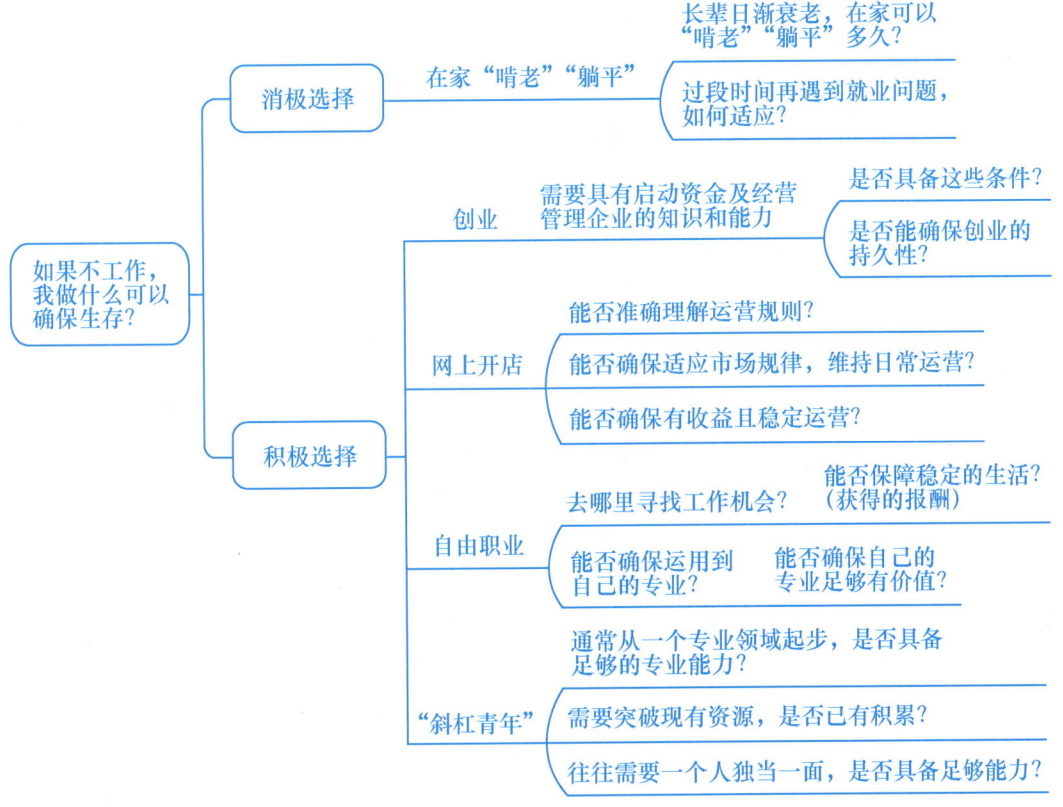

图 1-2 思考分析过程图

合理的选择。

二是网上开店。经营网店需要遵守相应的运营规则。刚毕业的我们能否准确理解、快速掌握网店的运营规则，确保自己开办的网店规范运营？在没有专业指导、全靠自己摸索的情况下，能否快速摸清市场规律并维持网店的日常运营？能否确保有收益？

三是自由职业。常见的自由职业者有个体经营者、销售人员（如保险经纪人、地产经纪人）、专业人士（如咨询顾问、摄影师）等。从自由职业涉及的内容可以发现，要想发展好，是要建立在专业基础之上的，刚毕业的我们是否已拥有可以立足的领域呢？

四是"斜杠青年"。"斜杠青年"是近些年来职业领域中出现的高频词，"斜杠"是指不再满足专一职业的生活方式，而选择拥有多重职业和多元身份的生活方式，以此来获得更多合理的报酬。但所谓的"斜杠"是由一个个专业构成的，而且这些专业都是自己能够拿得出手的专业，刚毕业的我们是否具备这些专业能力？而之所以称为"斜杠"，也是对现有资源的突破，需要时间去积累，请静心想想，我们是否有这样的资源及突破点？

 **案例3**

实训营职业指导老师乐业了解到威威缺乏就业动机的情况后,与威威进行了详细沟通。乐老师首先从"工作意味着什么"这个话题聊起。

在威威看来,工作就是让自己有事情做,不至于感到无聊,他认为宅在家里一样能做到。

乐老师追问:"这样下去能保证今后的正常生活吗?"威威回答:"不着急,大不了还有爸妈呢!"乐老师笑了笑,说:"威威,你思考一下,你的父母多大年纪了,是不是白头发越来越多,身体也没以前好了?"此时威威开始沉默了。

乐老师又问:"你如果不工作,可以做什么来确保日常生活?"威威不假思索地回答:"可以去创业。"而当乐老师与威威谈及创业资金从哪里来、如何做创业计划、创业产品是什么等一连串问题时,威威再度陷入了沉思。

通过深入沟通和认真思考,威威下定决心,唯有找份工作才是当下最佳的选择。

三、激发就业动机

让我们先来看这样一则小故事:

工人们正在修建一座规模宏大的宫殿,有三个石匠正在修建石阶。这时,有人路过,问三个石匠在做什么。

第一个石匠说:"我在养家糊口,混口饭吃。"

第二个石匠说:"我在做这个世界上最精致的石器活儿。"

第三个石匠说:"我在修建一座世界上最伟大的宫殿。"

三个石匠干的都是同一件事——修建石阶,但他们的回答反映出他们的动机截然不同。第一个石匠是为了挣钱,第二个石匠是为了追求自己的发展,而第三个石匠则是为了实现自我对社会的价值。

现在请想想,我们就业到底为了什么?

其实每个人的就业动机不尽相同,并无对错之分,但就业动机不同,短中长期的职业规划就会不同,未来职业的发展也会不同。

有效激发就业动机是提升求职能力的重要一环,也是帮助我们厘清职业发展方向的重要一步。一般来说,与同伴一起进行专题讨论或情境讨论,在团体活动中体会我们的就业动机,是比较行之有效的方法。

第一章　自我激发：我为什么要找工作

 练习3　我的社会角色和责任

请从自身出发，思考从校园人到社会人，你的角色和责任会发生哪些变化？对于这些变化，目前的你适应了多少，在1~5分之间你给自己打几分？你对此是否满意？为什么？请填写在表1-1中。

表1-1　　　　　　　　　角色和责任变化情况分析表

从校园人到社会人发生的变化	"我"的打分（1~5分）	变化的原因分析
……	……	……

 小结

走出校园后我们会有哪些不同？作为社会人的新角色和新责任有哪些？与我们是否就业有哪些关联？对这些问题的深入讨论，可以促使我们进一步思考就业到底为了什么，未来要去往何处。通过与同伴交流，我们也可以从他人的想法中体会到我们追求的到底是什么。

四、端正就业态度

就业并不是一个按部就班、一步到位的过程，时常会有"找不到路""绕弯路""走进死胡同""倒车"或者"折返回去"等情况。因此，端正就业态度是开启求职之旅的必修课。

那么，什么是正确的就业态度？怎样才能端正就业态度呢？我们可以观摩一些影视作品，如《冲出亚马逊》《杜拉拉升职记》《穿普拉达的女王》《当幸福来敲门》《实习生》《阿甘正传》《面对巨人》等。影视作品中可以提供一个高度还原现实的场景，通过观察人物在这些场景中的行为反应，我们来思考应采用怎样的行为方式，并不断演练修正自己现有的不合理的行为。

需要注意的是，观摩影视作品是一个学习的过程，而不是娱乐过程。因此，在观摩过程中要注意记录人物做得比我们好的地方，重点关注人物在具体场景中的行为改善，以此来思考我们应该有的就业态度。一旦开启求职之旅，就要做好不怕被拒绝、勇于面对挫折、不断探索试错的准备。

案例 4

为进一步帮助威威端正就业态度，乐老师让威威继续思考"工作究竟为了什么？"并向威威推荐了两部励志电影——《中国机长》和《风雨哈佛路》，帮助他进一步想清楚工作这件事。

威威在认真看完两部电影后，写下了如下感受：

电影《中国机长》中，我印象最深刻的是机长说的一句话："敬畏职责！敬畏生命！敬畏规章！"责任和自律是必要的职业素养，也体现在对自我负责方面。

电影《风雨哈佛路》讲述了主人公丽兹在千疮百孔的家庭环境下成长但始终没有向命运屈服的故事。这部电影让我认识到，只要敢于迈出第一步，并坚持不懈努力，就能够做到"有志者事竟成"。同理，对于求职，我们要去主动创造，而不只是等待，即使遇到挫折也不必气馁。

在结尾，威威郑重地写下："找到一份适合的工作，是对自己生命的尊重！"

练习 4（课后作业） 我的影片观摩学习记录

请从推荐影片中任选一部进行观摩学习，写下你的心得体会并思考其与就业的关系，请将你的想法及时与你团队的小伙伴们分享。

第二节 就业观念

近年来，随着高等教育的普及化，毕业生数量屡创新高，用人单位的招聘要求也越来越高，大学毕业后先就业还是先择业，一直是困扰很多大学生的一道难题。先就业吧，害怕自己入错行、走弯路；先择业吧，一时半刻又不一定能找到满意的工作。那么，到底该如何抉择？我们不妨来一场辩论赛，好好探讨一下这个问题。

练习 5 先就业还是先择业？

请仔细思考：你支持先就业后择业，还是先择业后就业？然后与你的队友们一起准备你方的观点和论据以及反驳对方的理由。

经过激烈的辩论赛，正反双方一定都给出了各自充分的理由，那么你的立场有所改变吗？请回顾本次辩论赛，完成下列练习。

1. 辩论赛开始时我的立场是：
   A. 支持先就业后择业　　　　　　B. 支持先择业后就业
2. 辩论赛结束时，我的立场改变了吗？
   A. 改变了　　　　　　　　　　　B. 没有改变
3. 我改变立场或坚持原来立场的理由是：
   _____
   _____
   _____
4. 在这次辩论赛中我担任的角色是：
   A. 辩手　　　B. 助力团　　　C. 主持人　　　D. 计时员
5. 我对辩论赛及其他角色的表现有何观察、心得和感受？
   _____
   _____
   _____

其实究竟是先就业好还是先择业好，并没有一个绝对的回答，问题的关键在于我们的职业准备是否充分。说到底，有些人百般犹豫、迟迟不就业是因为缺乏职业规划，而有些人着急就业、盲目择业也是因为缺乏职业规划。

在某种程度上说，只要提前做好职业规划，我们就能找到适合自己的行业、企业和职业，避免在找工作时陷入迷惘或急躁。

做职业规划之前，让我们先了解一下何谓"职业生涯发展观"。

一、职业生涯发展观

职业生涯发展观是美国著名的职业管理学家萨柏（Donald E. Super）在 20 世纪 80 年代末提出的，学习他的理论能帮助我们科学规划职业生涯、明确职业发展方向。这一理论包括三个要点：

（一）人是有差异的

人的才能、兴趣和人格各不相同，基于这种特性上的差异，人们各自适应于不同的职业。

（二）职业选择与适应是一个连续的过程

一个人对于职业的偏好、具备的资格、生活与工作环境，以及自我概念，都会随时间和经验而改变，因此职业的选择与适应也是一个连续的、发展变化的过程。其中自我概念（self concept）是指个人对自己的兴趣、能力、价值观及人格特征等方面的认识和主观评价。

（三）职业发展过程具有可塑性

职业发展的过程从根本上说是一个建立、完善自我概念的过程，也是个人与社会、自我概念与现实之间调和的过程，而且职业发展的各个阶段都可以通过提升职业能力、培养职业兴趣、指导职业选择来加以改善。

敲黑板

整个职业生涯的规划可以长达 40 年，甚至贯穿人的一生。由于职业生涯发展的过程是对自我概念发展和实践的动态过程，因此要用发展的眼光来规划自己的职业生涯，根据所处的发展阶段安排自己的任务。

二、职业生涯发展的五个阶段

萨柏把人的职业生涯发展划分为五个主要阶段，即成长阶段、探索阶段、确立阶段、维持阶段和衰退阶段。这五个阶段的特点如下：

（一）成长阶段（1~14 岁）

这一阶段的个体通过游戏中的想象和模仿来发展自我概念、认识社会，对职业好奇占主导地位，并逐步有意识地培养职业能力。

（二）探索阶段（15~24 岁）

这一阶段的个体通过在学校学习进行自我考察、角色鉴定和职业探索，完成择业及初步就业。其中，15~17 岁为试验期，个体对自身的需要、能力、价值、就业机会都会有所考虑，并开始尝试择业；18~21岁为过渡期，个体进行专门的职业培训或者正式进入职业，明确某种职业倾向；22~24岁为尝试期，个体选定工作领域，开始从事某种职业。

（三）确立阶段（25~44岁）

这一阶段，个体已找到一个适合的工作领域并谋求发展，是大多数人职业生涯发展周期中的核心阶段。这一阶段的早期（25~30岁），个体有时会对自己从事的职业领域不满意，也可能变换一两次工作岗位，直到31~44岁才完成职业选择的探索，进入稳定期。

（四）维持阶段（45~64岁）

这一阶段的个体在工作中已取得一定地位，一般不再寻求新的工作领域，而是朝着既定的目标前进。

（五）衰退阶段（65岁及以上）

这一阶段的个体生理与心理能力逐渐衰退，职业活动范围开始缩小，活动兴趣开始发生变化，并由此引起职业转换，直到最后退出职业岗位。

当然，不同的人由于个人条件和外界环境的不同，其职业生涯发展各阶段可能呈现出不同的特点。从事不同职业的个体其职业生涯发展阶段也可能不同。

三、生涯彩虹图

萨柏认为，人的一生是一个角色扮演和角色变换的过程，而角色的扮演和变换主要受生涯发展阶段的影响。他形象地将这种关系通过一个综合图形来描绘，这个图形就是生涯彩虹图，如图1-3所示。

图中，最外面的那层代表横跨一生的"生活广度"，即生涯发展的各阶段；内部各层由一系列最基本的角色组成，代表纵观上下的"生活空间"。彩色条纹的厚度代表在各阶段个体对角色的投入程度，条纹越厚代表投入程度越多。该图简单、精确地告诉我们各阶段该如何调配角色安排，我们可以利用它来独立设计自己的生涯。

在生涯彩虹图中，我们可以发现，萨柏把人生分为三个层面：第一个层面是时间层面，就是一个人的生命历程；第二个层面是广度层面，就是一个人终其一生所扮演的各种不同角色；第三个层面是深度层面，就是个体在扮演每个角色时所投入的程度。这三者的结合就是萨柏所理解的生涯。

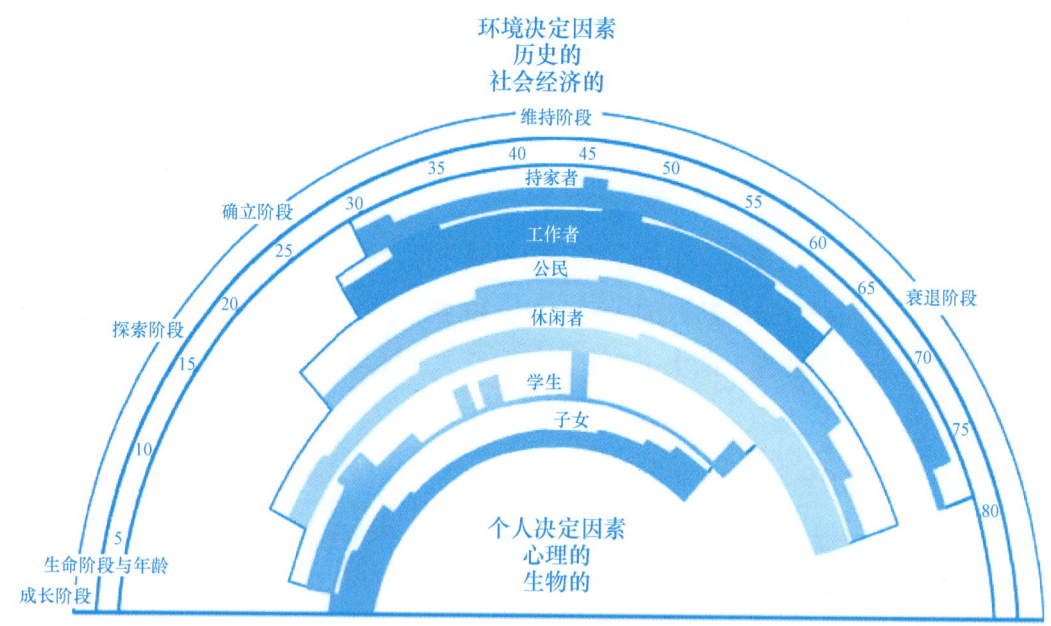

图1-3 生涯彩虹图示例

先就业还是先择业

为了让粒粒和威威能对就业和择业问题有更深入的思考,实训营的乐老师让他们就这两个主题展开一场讨论。

粒粒说:"我们班好几个人拿到了offer(录取通知),有的已经开始实习了。可是我对要找什么样的工作一点儿头绪也没有,我觉得找工作这件事还是不能着急。我妈妈也一直跟我说第一份工作很重要,我也不想随随便便开始一份工作,感觉对自己不负责任,我一定要找到一份适合自己的工作。"

威威听了直摇头,说道:"我不赞成你这种做法,第一份工作固然很重要,但如果没有给自己一次尝试的机会,是很难验证出究竟哪些工作适合我们的。"

粒粒坚持道:"我打算先择业后就业,我要好好筛选,找准适合自己的岗位才开始工作,最好一步到位。"

威威无奈地说:"可是要找到一份理想的工作不光要花很大的精力,还要靠机遇。我们马上要毕业了,如果错过了'求职黄金期',工作就更难找了,我可不敢冒这个险。"

就在两人对"先就业还是先择业"这个问题争论不休时，乐老师向他们介绍了萨柏的职业生涯发展观。

通过乐老师的介绍，粒粒和威威了解到一个人的职业生涯是一段漫长的时间，其间随着个人兴趣、性格、能力等的变化，职业目标也可能随之发生变化，职业生涯中可能会多次面临职业转换的情况。因此，他们认识到，一步到位找到终生适合的职业，这个概率是很低的，之后的人生经验或所处的环境会让我们不断重新思考自己的职业发展方向。同时，乐老师也指出，粒粒对待第一份工作的谨慎态度是值得肯定的。

目前，粒粒和威威正处于职业生涯发展的探索阶段，应该进行自我考察和职业探索，在充分考虑自身的能力、兴趣、价值和就业机会后，完成初步就业。这一阶段，他们需要沉下心来，根据自己的情况明确职业倾向。

粒粒和威威也意识到，待职业生涯发展步入确立阶段，思想和价值观真正成熟后，才可能会明确自己适合的工作领域，自此进入稳定发展期。乐老师告诉他们，从探索阶段到确立阶段的职业生涯发展是一个连续不中断的过程，需要循序渐进。

乐老师建议粒粒和威威在找工作之前做一次职业生涯规划，但在此之前需要结合萨柏的生涯彩虹图，思考在人生不同时期作为职场人想要达到的深度是多少。

练习6　绘制我的生涯彩虹图

请思考你的一生中可能有哪些角色，每个角色从哪个阶段出现，延续到哪个阶段，对于每个角色你的投入程度是多少。参照图1-3，请在求职档案4中完成属于自己的生涯彩虹图。

四、树立正确的就业观

择业是一次实现人生价值的选择，在职业选择的过程中，我们需要注意以下方面。

1. 要正确认识当前就业形势，端正心态，确定合理的就业目标和择业标准，做好随时就业的准备。

2. 要增强做好职业生涯规划的意识和能力，规划和选择合适的职业发展路径，避免冲动就业或不理性就业。

3. 职业生涯中可能会多次面临职业转换的情况，职业选择也许不是一步到位的，因此要实现自己的职业理想可能需要分步走。

4. 根据自身条件和需求选择合适的职业和岗位，既有助于实现自我，也可以为社会做出应有的贡献，实现个人价值与社会价值的协调统一。

 **小结**

先就业后择业与先择业后就业并不是相互矛盾的选择。先就业，只要理想不灭，可以等能力提升后再去择业，选择做自己理想的工作；先择业，找到与自己的职业理想和能力相匹配的工作，也应不时审视自己的职业生涯规划，坚持学以致用和终身学习的理念，两者的最终目的都是实现自己的职业理想。我们只要合理规划职业生涯、坚定职业理想，就不必担心因起点太低而无法选择理想的工作，也不会因为满足于现状、止步不前而被激烈的竞争所淘汰。

第二章　自我画像：我是怎样的我

职业生涯规划的第一步，就是自我认知，就好比是给自己画一幅自画像。画出职业自我画像，我们就能知道自己喜欢做什么、适合做什么、能做什么并愿意为此不断地努力积累。自我画像有助于提升择业能力，帮助自己找到适合的职业，同时也有助于发挥个人特质，促进职业生涯发展。本章我们将应用一系列职业心理学等领域的研究成果，通过简单的测试、练习，"画"出真实的自己，并初步了解自己的个性特征与不同职业的匹配度。

第一节　职业心态

一、什么是职业心态

心态一般指心理态度或心理状态。每个人会首先在内心对事物有一个认识，然后才有一个外在表现的态度。

职业心态即职业人士应具备的心态，是指在职业活动中，根据职业的需求所表露出来的心理状态，即职业活动中对自己的职业及职业能否成功的各种心理反应。

职业心态是一个人职业素质的重要体现，对个体的职业化程度（职业能力、职业道德、工作形象和工作态度）有着极其重要的影响。日常工作中如何正确对待上级、同事、下属、客户、合作伙伴，如何对待工作的安排或调整，如何对待批评和荣誉等都是职业心态成熟与否的表现，而用人单位也会倾向于聘用职业心态相对成熟的人。

二、培养良好的职业心态

大学毕业是人生重要的转折点，我们从一种角色——学生转变为另一种角色——职场人士（社会人）。

面对角色转变，我们的心态也要同步转变，应培养自己良好的职业心态。一般来说，职业化应具备以下 18 种良好的职业心态，见表 2-1。

表 2-1　　　　　　　　　职业化应具备的良好的职业心态

职业心态	说明
积极的心态	这一心态居于职业心态的首位，积极的心态具有两个重要的表现：一是不轻言放弃，二是不怨天尤人
主动的心态	拥有成熟职业心态的人，在工作中有 4 件事情要学会主动：一是本职工作要主动，二是协助他人要主动，三是对公司、对团队有利的事情要主动，四是提升自身能力和素质的事情要主动
谦逊的心态	无论我们在求学期间有过何等优异的成绩，步入职场后都是从零开始，只有心态归零、虚怀若谷，才能快速成长
学习的心态	古语有云："三人行必有我师。"学习是没有止境的，成功是不断学习、不断提升的过程。"处处留心皆学问"，只有不断地学习，才能适应工作的需要、社会的发展
双赢的心态	我们要以一种双赢的心态融入团队合作，就是合作的双方从中都可以获取所需的利益，从而形成双赢的局面。长期合作的前提是要换位思考，决不做损害对方利益的事情
包容的心态	包容是一种非凡的气度，也是中华民族"和而不同"的体现。在工作中我们可能会接触到形形色色的客户，也会面对风格迥异的同仁，这就要求我们学会包容，严于律己，宽以待人，接纳差异，"海纳百川，有容乃大"
自信的心态	培养自信心可以从行动开始：抬头挺胸，微笑面对生活，学会当众发言，大声讲话。进行积极的自我暗示，消除自卑心理，以正确、发展、全面的眼光看待自己
行动的心态	实践出真知，凡事都要实践而不能只停留在理论层面。在工作中我们常会遇到自己从来没有做过的事情，此时我们要以行动的心态大胆去做，通过自身的努力，保证工作任务的顺利完成。这一努力的过程就是我们的工作能力不断提高的过程
主人翁的心态	主人翁的心态是指员工应具有使命感、责任心和事业心，做事从大处着眼、小处着手，对效率、品牌、效果、质量、成本等方面持续关注，做事尽心尽力。个人的发展与企业的命运息息相关，员工不能永远把自己当成打工者，而要站在企业大局的层面考虑问题，把企业的事情当成自己的事情
"方圆"的心态	"方"讲的是做人的原则，"圆"讲的是处事的变通
"舍得"的心态	有"舍"才有"得"，有付出才有收获
反省的心态	反省是成功的加速器。一个人之所以能够不断地进步，在于能够不断地自我反省，找到自己的优势与短板，并扬长避短，以追求完美的态度去做事，从而取得一个又一个的成功

第二章　自我画像：我是怎样的我

续表

职业心态	说明
服务的心态	我们在工作中随时都会为别人提供服务：在公司内部为上司、同事服务，在公司外部为客户服务
服从的心态	一个高效的公司需要员工有良好的服从理念；一名优秀的员工也应该具备服从的心态，积极、主动、努力地完成上司交办的任务
奉献的心态	奉献是一种道德要求，一种付出的高层次表现。要想杰出，就要先付出。不斤斤计较眼前的利益与得失，才能赢得长久的回馈
竞争的心态	我们要有不服输的精神和上进心。拥有良好竞争心态的人，往往在学习上求知若渴，在工作中乐于付出，在事业上有不达目标绝不放弃的精神。企业欢迎有竞争心态的员工，因为员工之间的良性竞争可以使团队保持卓越向上的整体氛围，不断提升企业竞争力
专注的心态	专注是指有预定目的、需要做出意志努力才能维持的注意。对工作或与工作有关的事情保持一种强烈的专注，才能真正提高工作效率
感恩的心态	感恩是一种对自然、社会和他人的尊重，是对自然规律、社会规律和生命价值的敬畏与崇拜

愿我们能够建立成熟的职业理念，锻造良好的职业心态，以好的职业心态助力、滋养职场人生，积累小自信，成就大雄心，积累小成绩，成就大事业。

第二节　职业潜能

一、潜能与职业潜能

潜能是潜在的能力，是一种尚未显现的能力。而职业潜能，是指在某种工作中尚未显现，但未来可能具备或者发挥出来的能力。

人的潜能是巨大的，所显现出来的能力就好比冰山显露在水面以上的部分；而巨大的潜能就好比冰山深藏在水面以下的部分，如图2-1所示。深藏在我们身上的职业潜能，是人内在的、难以测量的部分，很难察觉得到，但职业潜能一经被挖掘、激发出来，就能使人在一份职业中如鱼得水。

二、探索职业潜能

探索职业潜能可以帮助我们了解自己潜在的、没有发挥出来的能力，也可以帮助

图 2-1　职业潜能

我们探索出自己的优势职业能力，具体来说，就是自己还能干些什么，或者在哪些职业领域能够发挥得更好。一般来说，探索职业潜能有如下三种比较好的方法。

（一）自我洞察法

根据自己以往各方面的表现，对自己进行全面的盘点。不仅仅是工作方面，还可以根据自己在考试、测验、面谈、培训、研修等方面所表现出来的能力进行分析推断，对自己过往所学、所思、所想、所做的事情以及经历进行细致梳理。

我们可以通过向自己提问的方式，思考自己的优势能力。

第一个问题：我做过哪些有成就感的事情？答案不必局限于学业，任何让自己有成就感的事情都可以。这种成就感不是以外界世俗的眼光来衡量，而是以让我们自己感到快乐为标准。如果成就感这个词难以把握、不好衡量，也可以想想自己有哪些事情比别人做得又快又好。

第二个问题：我做哪些事情之前是充满期待的，并愿意在这些事情上花费大量的时间？比如自己接到哪类任务时会跃跃欲试，会抑制不住地冒出各种想法；或者自己在做哪些事情的时候，会觉得时间过得特别快，甚至做完之后还忍不住想下一次会怎么去做。

第三个问题：如果自己付出努力的话，哪些事情可以做得更好？可以尝试着列出一些看到别人做也希望自己能够做到的事情，然后想想如果自己投入时间和精力去学习和训练，是不是也可以做成这些事情。

回答完以上三个问题，我们应该会对自己的潜在能力有一些清晰的认识。

（二）周围人评价法

周围人评价法，即别人是如何评价我们的工作能力及工作绩效的。

找2~3个比较了解自己的人，可以是自己的好朋友、学长、长辈，也可以是了解我们的老师或者职业指导师，询问一下自己在哪些方面是他们特别欣赏和认可的。注意：这些人应该是见多识广、喜欢关注人的成长和发展、在带领团队和辅导下属方面有一定见解的人。一定要尽量回避那些过于苛刻、喜欢找问题的人，即便他们观察人的能力很强。我们探索个人的职业潜能要尽量挖掘优势，而不是去寻找欠缺之处。

下面是一个问题清单，能够帮助我们向他人提出有效的问题，准确地发掘自己在他人眼中的优势。

第一个问题：在以往的工作或学习中，您觉得哪件事情我做得比较好？

第二个问题：如果我在您的团队里工作，您喜欢把哪一类任务交给我去做？

第三个问题：和同龄的小伙伴相比，您觉得我在哪些方面表现突出？

提问题时可以进一步追问细节，多问几个"为什么"，这样能收集到更多有价值的信息。

（三）职业测评法

职业测评法是指利用职业测评工具更好地了解自己的职业潜能以及未来有潜力从事的职业，找准就业方向，做好职业生涯发展规划。通过职业测评，我们可以加深对自身的认识，对自己的兴趣、爱好、能力、特长、经历及不足等各方面进行综合分析与权衡，结合职场环境特点和自己的职业倾向，确定最佳的职业奋斗目标，并为实现目标制订一个行之有效的计划。

目前市场上的职业测评工具很多，我们可以使用实训营中的测评量表（比如霍兰德职业倾向测验量表、MBTI职业性格测评量表等），并请2~3位专业且经验丰富的职业指导师来帮助我们解读测评报告，结合我们的实际情况，给出具体建议。

注意：不要根据测评报告给自己"贴标签"。寻找适合自己的工作是一个过程，每个人适合去做的事情有很多，千万不要给自己设限。

愿我们都可以进一步开发自己的职业潜能，拥有不一样的事业和人生。

练习7　五指图游戏

请把手放在求职档案3的空白处，用笔勾画出手掌轮廓，得到一个手掌的外形。

每一根手指代表自己经思考后未来可能从事的职业，也可以是自己幻想过的职业（不拘泥于主、客观条件）。在指尖部分写下职业名称，在对应的指节部分写下自己喜欢这些职业的哪些特征或喜欢的原因。

第三节　职业价值观

一、价值观与职业价值观

价值观是指个人对客观事物（包括人、物、事）及自身行为的意义、作用、效果和重要性的总体评价。它是我们在生活和工作中所看重的原则、标准或品质。从某种意义上讲，价值观是一套自我激励机制。人的价值观在形成后会相对稳定和持久，对于很多事情会建立一个基本的评价体系。但是随着人们经历或经验的增加，以及人生观和世界观的改变，价值观也会发生变化。

价值观是一种价值体系，在生命中你认为什么是最重要的，生命的意义是什么，这就是一个人的价值观。我们每个人都受到生存环境和生活方式的影响，形成了自身独特的价值观，这种独特的价值观会影响我们对职业的选择。我们在择业时可能会因外界的诱惑而违背自己的价值观，做出错误的选择，导致自己在将来的工作中不如意。因此，认识并尊重自己的价值观非常重要。

职业价值观是指人生目标和人生态度在职业选择方面的具体表现，也就是一个人对职业的认识和态度以及对职业目标的追求和向往。理想、信念、世界观对于职业的影响集中体现在职业价值观上。

每种职业都有自己的特性，不同的人对职业意义的认识，对职业好坏的评价和取向，就是职业价值观。不同的人对于职业的认知会存在差别，究竟哪个职业才是最适合自己的，哪个职业才是自己所喜爱的，哪个职业才会让自己做起来得心应手，这些都会因为职业价值观的不同而产生不同的选择，而这也正是职业价值观对于人与职业的匹配所产生的影响。

职业管理学家萨柏认为，职业价值观是个人追求的与工作有关的目标，也就是个人在从事满足自己内在需求的活动时所追求的工作特质或属性，它是个体价值观在职业问题上的反映。

需要说明的是，职业价值观一旦形成，往往能够决定我们的职业追求，但它也会随着现实环境的变化而发生一些改变。对准备步入职场的我们而言,进行职业生涯规划时既要看到职业价值观的稳定性和长远性,也要看到它的可变性和现实性。

二、马斯洛需求层次理论与职业价值观

马斯洛(Maslow,1970)提出,人有五个层次的需求,即生理需求、安全需求、归属需求、自我尊重的需求和自我实现的需求,如图2-2所示。只有当低层次的需求得到基本满足后,个人才能关注并致力于满足更高层次的需求。这些需求是强大的内在驱动力,我们所做的事情正是为了满足这些需求。它们反映在我们的生活中就体现为我们的价值观。

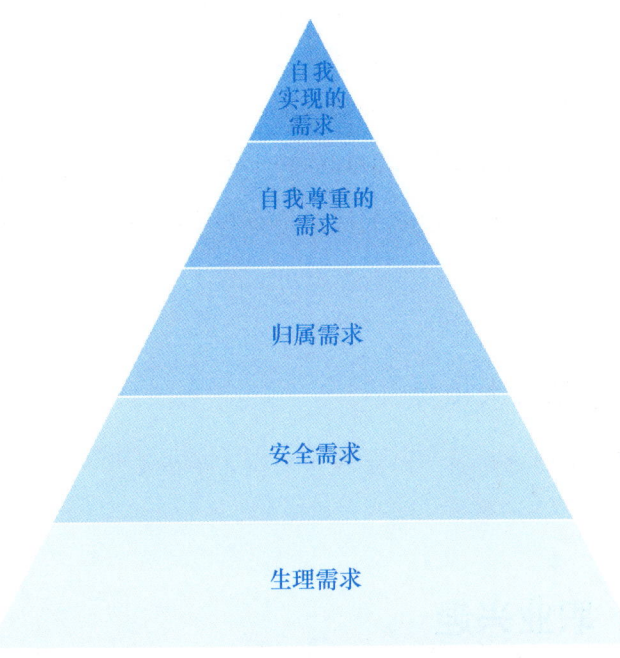

图2-2 马斯洛需求层次理论模型

三、职业价值观与职业生涯发展的关系

(一)为什么在职业选择中要考虑职业价值观

职业价值观不仅关系到个体的职业选择,而且推动着个体的职业生涯发展。

职业价值观通常都是与某种工作相关联的。如果十分在意工作的稳定性,那么,公务员、国有企业管理人员可能是最佳的选择;如果看重的是创造性,那么广告设计、策划管理等工作会很有吸引力。

职业价值观能让我们在面临困境时仍保持斗志。当工作与个人价值观相悖时,工

作往往会变成痛苦的来源；但如果工作与个人价值观相符，即使其他的条件差强人意，往往也能乐在其中。

一个清楚自己职业价值观的人，明白工作的目标和意义是什么，自己在工作中真正想要的是什么，能够将自己最强烈的需求与不同的工作性质联系在一起，面对许多职业选择时较容易做出明智的决定，最终找到适合自己的职业。

（二）职业价值观的调整

随着所处的职业生涯发展阶段、社会环境的变化，我们的职业价值观也会不断进行调整，比如，鲁迅弃医从文就是对自身职业价值观的调整。另一方面，职业价值观应经常被审视和厘清。在确定自己的职业目标时，我们一定要认真地问自己：究竟想要怎样的工作，想过怎样的生活。如果愿意参与竞争、追求成就，可选择留在大城市打拼；如果只是受舆论或他人影响而想留在大城市，那么这种想法可能就不太成熟。

职业价值观不易被察觉和理解，但却能产生重要影响。所以对于还未真正踏入社会的高校毕业生而言，对职业价值观的探索是有些难度的，需要多思考、多反省，才能使之逐渐明确。

练习 8　价值观大拍卖

请在求职档案 5 中回答问题，明确"我的职业价值观"。

第四节　职业兴趣

一、兴趣与职业兴趣

兴趣是人们力求认识某种事物和从事某项活动的意识倾向，具体表现为选择性态度和积极的情绪反应。我们日常所说的兴趣与选择专业、职业时所说的职业兴趣有很大差别。

职业兴趣是指一个人是否喜爱某种职业，是一种职业选择与态度的倾向，同时是个体的兴趣类型与职业类型与目标职业对个体的能力素质要求（即职业环境）相一致的状态。不同的职业需要具有不同职业兴趣特征的人。

兴趣是我们学习、工作的重要驱动因素。沃伦·巴菲特（Warren E. Buffett）说过:"我和你没有什么差别。如果你一定要找一个差别,那可能就是我每天有机会做我最爱的工作。如果你要我给你忠告,这就是我能给你的最好忠告了。"然而,职业兴趣单凭一堂课、一次练习是无法确定的。通过课堂学习,引发我们对职业兴趣探索的思考与重视,是帮助我们确定自己职业兴趣的非常重要的开端。

职业兴趣虽然是影响我们选择职业的重要因素,但绝非唯一因素,个人的性格、价值观、能力乃至社会机遇等都对我们最终选择的职业有着深刻影响。最终的职业选择是各种因素综合作用的结果。

当然,职业生涯规划并非要求我们"非感兴趣的工作不做"。对于兴趣与职业的匹配,我国台湾地区学者金树人教授提出了职业兴趣的"落地生根"概念。金教授在研究中发现,不少人的卓越成就并非一直按照自己的兴趣学习、工作而获得,很多人是在自己不太感兴趣的学习领域获得了专业知识与技能,再将这些专业知识与技能应用于自己感兴趣的领域,而最终取得了成就。

二、兴趣的测量——霍兰德职业兴趣理论

美国著名职业心理学家约翰·霍兰德(John Holland)提出的职业六边形模型(RIASEC)是职业兴趣理论中最受关注及肯定的,他编制的量表在当今应用非常广泛。他认为,个体的职业兴趣可以影响职业满意程度。某调查显示,个人对职业的满意程度在很大程度上取决于个人兴趣和职业环境的匹配程度。

(一)职业兴趣类型介绍

职业选择是人格(personality)的一种表现,某一类型的职业通常会吸引具有相同人格特质的人,这种人格特质反映在职业上就是职业兴趣。大多数人的职业兴趣可以归纳为六种类型,即现实型(realistic type,简称R)、研究型(investigative type,简称I)、艺术型(artistic type,简称A)、社会型(social type,简称S)、企业型(enterprising type,简称E)和传统型(conventional type,简称C)。

1. 现实型(R,又称实践型)。具有此类倾向的个体属于技术与运动取向,往往身体技能及机械协调能力较强,常常沉浸于工具与技术的世界中。他们稳健、务实,喜欢从事规则明确的活动及技术性工作,热衷于亲自动手操作、创造新事物,具有比较强的实践性;他们往往不善言谈,对人际交往及人员管理、监督等活动不太感兴趣。这一类型个体倾向于选择的职业有:需要熟练技能方面的职业、动植物管理方面的职业、机械管理方面的职业、生产技术方面的职业、需要手工艺技能的职业、机械

装置与运转方面的职业等。

2. 研究型（I，又称调研型）。具有此类倾向的个体喜欢理论思维或偏爱数理统计工作，对解决抽象问题具有极大的热情。他们通常倾向于通过思考、分析解决难题，而不一定落实到具体操作上；他们往往是好奇的、聪明的、内省的、具有批判性的，喜欢具有创造性、挑战性的工作，不太喜欢固定程式的任务。他们对于人员管理及人际交往也不太感兴趣，独立倾向明显。这一类型个体倾向于选择的职业有：分析员、设计师、科学家、学者等。

3. 艺术型（A，又称创意型）。具有此类倾向的个体对具有创造、想象及自我表现空间的工作表现出明显偏好。他们有一定的创造力，特立独行，乐群性低，对结构化程度较高的任务及环境都不太喜欢，对机械性及程式化的工作毫无兴趣。艺术倾向明显的个体好自我表现，具有丰富的想象力，直觉力较好，敏感而开放。这一类型个体倾向于选择的职业有：各类艺术创作的工作，包括美术、音乐、舞蹈、戏剧等方面的职业。

4. 社会型（S，又称社交型）。具有此类倾向的个体喜欢以人为对象的工作，通常语言能力优于数理能力，善于表达，随和、乐于与人相处，愿意帮助他人，具有人道主义倾向，责任心较强；他们习惯于与人商讨或调整人际关系来解决面临的问题，不太喜欢以机械和物品为对象的工作。这一类型个体适合从事咨询、培训、辅导、说劝类工作，倾向于选择的职业有：学校教育以及社会教育方面、社会福利事业、医疗与保健方面、商品营销方面和各种直接为人服务的职业。

5. 企业型（E，又称经营型）。具有此类倾向的个体喜欢制订新的工作计划、事业规划以及设立新的组织，并为有效发挥组织作用而积极地开展活动。他们喜欢影响、管理、领导他人；自信，精力充沛，支配欲和冒险性强，具有较高的成就需求；不喜欢具体、精细或需要长时间集中心智的工作。这一类型个体倾向于选择的职业有：推销员、企业经理、政治家、工商与行政管理人员等。

6. 传统型（C，又称事务型、常规型）。具有此类倾向的个体喜欢高度有序、要求明晰的工作，对于规则模糊、自由度大的工作不太适应；不喜欢承担领导者的责任，习惯于服从，一般较为忠诚可靠，偏保守；在工作中与人交往会保持一定的距离。工作仔细、有毅力，做事有条理、责任心强；对社会地位、社会评价比较在意，通常愿意在大型机构做一般性工作。这一类型个体倾向于选择的职业有：银行职员、图书管理员、会计、出纳、统计人员、计算机操作人员、办公室职员等。

六种职业兴趣类型的人群中，R型、I型的人对事物较为关注，E型、S型的人对人群较为关注，C 型的人对数据较为关注，A 型的人对观点/观念较为关注，参见图 2-3。

（二）六大职业兴趣类型的相互关系

由图 2-3 可知，霍兰德划分的六大职业兴趣类型并不是并列的，而是有着明晰边界的。六大职业兴趣类型的相互关系如图 2-4 所示。

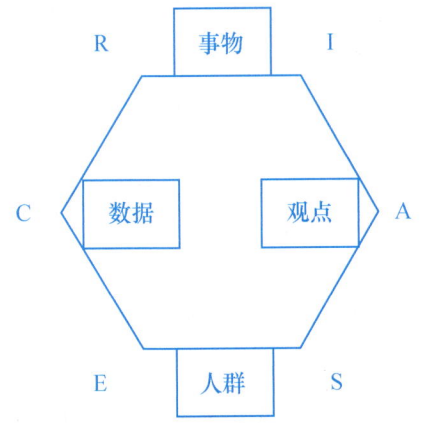

图 2-3　霍兰德职业六边形模型

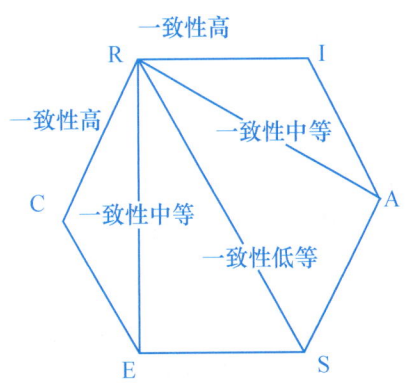

图 2-4　霍兰德六大职业兴趣类型的相互关系

从图 2-4 中可以看出，每种类型与其他类型之间存在不同程度的关系，大体可分为三类：

1. 相邻关系，如 RI、IA、AS、SE、EC 及 CR。

属于相邻关系的两种类型的个体之间共同点较多，例如，R 型、I 型的人都不太偏好人际交往，在这两种职业环境中也都较少有机会与人接触。

2. 相隔关系，如 RA、RE、IC、IS、AE 及 SC。

属于相隔关系的两种类型的个体之间共同点较相邻关系少。

3. 相对关系，在六边形上处于对角位置的类型之间即为相对关系，如 RS、IE 及 AC。

属于相对关系的两种类型的个体之间共同点少，因此，一个人同时对处于相对关系的两种职业环境都很感兴趣的情况较为少见。

如果个人的兴趣与职业一致性高，就可以达到人职协调；如果一致性中等，则人职次协调；如果一致性低，则会出现人职不协调。

个人的职业兴趣往往是多方面的，只集中在某一种类型上的人很少。我们可能或多或少地具备所有六种职业兴趣，只是偏好程度不同。因此，为了比较全面地描绘个人的职业兴趣，通常用三种最强的职业兴趣类型的字母代码表示一个人的职业兴趣，这个代码就称为"霍兰德代码"（Holland code）。这三个字母间的顺序表示了职业兴趣的强弱程度。

研究表明，职业兴趣倾向与职业的匹配度高可以激发个体的潜能：如果一个人的职业兴趣倾向与其从事的工作匹配度高，往往能发挥其全部工作才能的80%～90%，且能够长时间保持高效率而不感到疲劳；而职业兴趣倾向与其从事的工作匹配度较低的人，只能发挥其全部才能的0～20%，并且容易感到精疲力竭。因此，我们在寻找工作的时候，可以根据自己的职业兴趣类型进一步明确自己的职业方向。

案例6

通过学习实训营职业兴趣课程，粒粒和威威了解到职业兴趣对职业发展方向有着重要的作用。于是，两人分别做了测试，对自己的职业兴趣进行了一番分析。

威威的霍兰德职业兴趣测评结果如下：传统型（C），研究型（I），现实型（R）。威威在六个职业兴趣类型中得分最高的三个类型的首字母组成了属于他的霍兰德职业代码CIR。这个职业代码可以传递很多相关职业与教育发展的信息，第一个字母意味着他最倾向的职业类型，而第二、第三个字母所代表的职业倾向则次之。

威威的霍兰德职业代码中"传统型"职业倾向最为明显，其次为"研究型"和"现实型"。具有比较强的传统型倾向的人，适合从事高度有序、要求明晰的工作，工作仔细、有毅力，做事有条理、责任心强，通常愿意在大型机构做一般性工作。于是，威威思考着可以往与数据跟踪相关的工作方向寻找机会。

而粒粒的霍兰德职业兴趣测评结果如下：社会型（S），经营型（E），艺术型（A）。她的霍兰德职业代码是SEA。于是，粒粒渐渐把自己的求职方向确定在了培训咨询、市场营销、企业管理等领域。

练习9　测量我的职业兴趣

请完成你的"霍兰德职业倾向测验量表"，并将测试结果填写在求职档案6中。

第五节　职业性格

每个人在成长经历中都可能会受到生理、遗传、家庭教养、文化、学习经验等因素的交互作用，从而形成自己的个性，在不同的情境中表现出特定的气质。性格是人对现实的态度以及与这种态度相适应的、习惯化的行为方式中表现出来的个体心理特征。我们每个人都有自己的个性，也就是说每个人的心理特征不同，看问题、处理事情的风格、方式也不同。

一、性格与职业发展的关系

性格使一个人更加偏爱某一种环境。由于性格的不同，每个人在对不同环境的认知过程中会表现出不同的个性化风格。从事与自己的性格不匹配的工作，个人的才能就会受到阻碍，甚至大受挫折。因此在职业选择中，应尽可能充分考虑自己的个性特征与职业要求是否相适应，以便在工作中满足个人的愿望，发挥自己特有的能力，体验到更多的快乐和愉悦。

很多用人单位在选用员工方面逐渐认识到性格比能力重要。其原因是，如果一个人能力不足，可以通过培训进行提高，但如果一个人的性格与职业或岗位不吻合，要改变是很困难的。所以，越来越多的企业将职业性格测试用于人才招募、选拔、评价及员工的职业发展规划中，它不仅可以反映人才的外在行为特征，对于人们不易观察到的内在特征（如情操、工作潜力、心理健康等）也可以进行客观描述。

性格无所谓好坏，每一类性格都有与之相适应的职业范围。职业心理学研究表明，不同的职业需要具有不同性格的从业者，某一类职业工作能够体现出某一类共同的职业性格要求。一个人的性格若能与工作相匹配，则在工作中更能得心应手、轻松愉快、富有成就；反之则会不适应、困难重重，给个人的职业生涯发展造成影响。

二、MBTI 职业性格测评

一个人只有当性格与职业相匹配，并有能力承担职业工作时，才能实现自身价值最大化。接下来我们将通过 MBTI 职业性格测评来了解自己的性格类型，从而进一步匹配适合的职业范围。

（一）MBTI 职业性格测评工具介绍

MBTI 职业性格测评全称为"迈尔斯—布里格斯性格类型指标"（Myers-Briggs

Type Indicator），是一种自我报告式的性格测评工具，用以衡量和描述人们在能量来源、获取信息、做出决策、对待生活等方面的心理活动规律和不同的人格类型表现。它以瑞士心理学家卡尔·荣格（Carl Gustav Jung）的心理类型理论为基础，由美国的伊莎贝尔·迈尔斯（Isabel Myers）和凯瑟琳·布里格斯（Katharine Briggs）母女共同研制开发。

MBTI 指标以荣格划分的内倾与外倾、直觉与感觉、思考与情感、感知与判断八种类型为基础，伊莎贝尔·迈尔斯和凯瑟琳·布里格斯母女经过对大量案例数据的研究归纳，扩展形成了 16 种性格类型图，如图 2-5 所示。

稽查员 ISTJ inspector	保护者 ISFJ protector	咨询师 INFJ counselor	治疗师/导师 INFP healer/tutor
督导 ESTJ supervisor	供给者/销售员 ESFJ provider/seller	教师 ENFJ teacher	倡导者/激发者 ENFP champion/advocate/motivator
操作者/演奏者 ISTP operator/instrumentor	作曲家/艺术家 ISFP composer/artist	智多星/科学家 INTJ mastermind/scientist	建筑师/设计师 INTP architect/designer
发起者/创设者 ESTP promotor	表演者/示范者 ESFP performer/demonstrator	统帅/调度者 ENTJ field marshall/mobilizer	发明家 ENTP invertor

图 2-5　MBTI 职业性格类型图

（二）MBTI 性格类型探索

下面分别介绍一下这 16 种性格类型及其适合的职业。

1. 稽查员型（ISTJ）。这类性格的人责任心强、严肃可靠，能够把工作和家庭生活各方面都安排得井井有条。适合的行业和职业有政府机构、医疗领域、金融银行业里的公务员、医师、药剂师、信贷员和精算师等。

2. 保护者型（ISFJ）。这类性格的人安静友好，乐于为他人服务。在适合的职业上无明显的职业倾向，可以考虑从事行政管理人员、总经理助理、秘书及护士等相关职业。

3. 咨询师型（INFJ）。这类性格的人坚持原则，富有洞察力，诚挚而深切地关心他人。适合的职业有心理咨询师、教育学和哲学等领域的研究者、社会工作者、艺术家等。

第二章 自我画像：我是怎样的我

4. 治疗师型（INFP）。这类性格的人视内在的和谐高于一切，有好奇心和洞察力，在日常事务上又比较灵活多变。适合的职业有艺术家、作家、心理咨询师、社会工作者等。

5. 督导型（ESTJ）。这类性格的人务实有条理，讲究纪律，喜欢监督他人。适合的职业有各大中型企业的员工、基层管理者以及生产制造型企业的中基层管理者。

6. 供给者型（ESFJ）。这类性格的人实事求是，注意细节，特别注意与他人的人际关系。适合的职业有秘书、总经理助理、服务业从业人员、项目经理、学校管理者等。

7. 教师型（ENFJ）。这类性格的人彬彬有礼，富有魅力，通常能够看到其他人的优点。适合的职业有培训师、心理咨询师、节目主持人、大学教授、销售等。

8. 倡导者型（ENFP）。这类性格的人对"可能性"很感兴趣，视灵感高于一切，足智多谋。适合的职业有广告创意人员、营销策划人员、市场调研人员、公关、发言人、老师等。

9. 操作者型（ISTP）。这类性格的人擅长分析，讲究实效和行动。适合做机械、电气等方面的技术工程师、证券分析师等以分析和逻辑见长的工作，以及赛车手、飞行员、警察等具备一定冒险性的职业。

10. 艺术家型（ISFP）。这类性格的人平和、敏感，常常具备比较好的艺术天赋和审美能力。适合的职业有时装首饰的设计师、画家、舞蹈演员以及旅游行业、体育用品行业的销售人员等。

11. 科学家型（INTJ）。这类性格的人独立，具有怀疑精神，是优秀的战略思想家，也是出色的组织者。INTJ 类型的人是完美主义者，也是 16 种性格类型中人数最少的一类。适合的职业有科学家、研究人员、各类咨询顾问、证券分析师以及艺术家、设计师等。

12. 建筑师型（INTP）。这类性格的人理性，善于分析，喜欢思考复杂的问题并解决难题。适合的职业有软件开发工程师、大学教授、经济学家、律师、作家和艺术家等。

13. 发起者型（ESTP）。这类性格的人天真率真，多才多艺，是优秀的问题解决者，气氛活跃者。适合的职业有销售人员、自由职业者、娱乐节目主持人、脱口秀演员等。

14. 表演者型（ESFP）。这类性格的人富有同情心，擅长交际，常常是大家关注的核心。适合的职业有各类销售人员、创意人员、节目主持人、社区工作者等。

15. 统帅型（ENTJ）。这类性格的人有远见，乐于解决复杂问题，是热情而真诚的天生领导者。适合的职业有企业创始人或者高管、财务顾问、企业战略顾问、培训师、律师、大学教授等。

16. 发明家型（ENTP）。这类性格的人喜欢挑战，足智多谋，聪明健谈。适合的职业有投资顾问、广告创意人员、访谈类节目主持人、政治家等。

案例 7

威威读高中时，各门功课成绩都比较平均，喜爱动漫游戏的他一心想报考日语专业，可是父母坚持认为选理科将来的专业选择面更广。最终，威威在填报高考志愿时听从家人的建议选择了物流专业。

然而读大学的时候，威威却发现自己对这个专业并不很感兴趣，只能硬着头皮读下去，并把课余时间都用在了自学日语上，也渐渐地开始参与网络字幕组的日本动漫翻译工作。威威平时除了完成学业，全部的精力都投入到日语翻译工作上。威威感觉找到了自己真正喜爱的事，他的翻译能力和文字表达能力也变得越来越好。然而临近大学毕业，同学们都忙着找工作或者考研，威威却迷惘起来了，面对自己不喜欢却已"烙"上的专业背景和自己兴趣所在的日语翻译工作，不知自己的就业方向究竟在哪里。

处于两难境地的威威受乐老师启发，明白了职业性格和职业兴趣对职业生涯规划的重要影响，于是进行了 MBTI 职业性格测评。测评结果显示，威威的 MBTI 性格类型是 ISTJ（内倾、感觉、思考、判断）。总体来说，ISTJ 类型的人严肃而有责任心，值得信赖，重视承诺，工作缜密，讲求实际，很有头脑也很现实，具有很强的集中力、条理性和准确性，做事相当有条理和可靠。ISTJ 型的人特别安静和勤奋，对于细节有很强的记忆和判断；重视和利用符合逻辑的、客观的分析，以坚持不懈的态度准时完成工作，并且总是安排有序，有条理；重视必要的理论体系和传统惯例，对于那些不是如此做事的人则很不耐烦。ISTJ 型的人总是很传统、谨小慎微；天生不喜欢张扬，即使危机之时，也显得很平静；但是有时比较固执僵化，不愿意适应或接受另外的观点；很难理解其他人的需求，尤其是那些与自己差异很大的需求；总是显得责无旁贷、坚定不移，但是在冷静的外表之下，也许有强烈却很少表露的反应。因为他们对自己的反响很隐蔽，所以容易被视为冷静而无情。

威威对照 ISTJ 性格类型的人适合的职业类型，发现与数据相关的工作内容比较适合他。

粒粒也做了 MBTI 职业性格测评，测试结果为 ENFP（外倾、直觉、情感、理解）。该类型的人健谈热诚，聪明友善，好奇爱玩，关心体贴，温柔敏感；富有想象力，颇具创新精神，不墨守成规；智慧乐观，适应能力强，但有时做事无条理，容易注意力不太集中。ENFP 类型的人能随遇而安，极易适应工作环境；他们有自己大胆的想法，在"头脑风暴"中有突出的贡献；然而，他们会很快对一件东西或一件事感到厌烦，而且容易犯拖延症；有时容易将别人或事情理想化，不够实际。

粒粒也对照 ENFP 性格类型的人适合的职业类型，了解到自己比较适合与人打交道的工作内容。

练习 10　测测我的 MBTI 职业性格

请在求职档案 7 中完成你的 MBTI 职业性格测试。

第六节　职业能力

能力是人们顺利实现某种活动的心理条件，它不仅包含一个人现在已经达到的水平，而且包含一个人所具有的潜力。职业能力是一个人有效完成特定职业活动所必需的各种能力特征的总和，既包括人们获得教育、培训之前的能力倾向，也包括个人通过教育、培训获得的学历与技能和在社会生活中积累的职业经验等。

社会上任何一种职业对工作者的能力都有一定的要求。因此，我们在确定自己能够从事的职业类型时，必须了解自己的能力及其与相关专业的匹配程度。

每个人都同时拥有多种能力，但能力在每个人身上却以不同的方式、不同的程度组合存在，从而使得每个人的能力各具特点。从这个意义上说，对于世界上的每一个人来说，不存在谁更聪明的问题，只存在不同个体在哪个方面相对聪明的问题。

能力主要经后天学习获得，可通过练习强化，借由过去所取得的成就得到印证。接下来，我们将根据西德尼·法恩（Sidney Fine）和理查德·博尔斯（Richard Bolles）的分类方法从三个方面对能力加以探索。

一、专业知识能力

专业知识能力是指那些需要通过学习才能获得的特别的知识或能力。比如，从事律师这一职业需要掌握系统的法律专业知识，从事工程师这一职业需要掌握专门的工程专业知识，从事会计这一职业需要掌握完整的财务管理知识。

专业知识能力需要经过一段时间有意识的、专门的学习才能掌握，而且不能迁移。比如，如果没有额外接受训练，即使是一位经验丰富的成功律师，也往往承担不了普通工程师的职责，就算是一位资深的高级工程师，也承担不了初级会计的工作。

专业知识能力可以通过在校学习、课外培训、专业会议、讲座、研讨会、自学、资格认证考试等方式获得。

二、自我管理能力

自我管理能力体现了个体完成一件事情的态度、情绪等，经常被看作个性品质而非能力。这类能力可以从非工作领域迁移到工作领域。它涉及一个人在不同环境下如何管理自己：是勇于创新还是循规蹈矩，是认真敬业还是敷衍了事，在压力下能否保持镇定，是否对工作有热情，是否自信等。

良好的自我管理能力能够帮助我们更好地适应周围的环境、应对工作中出现的问题。和专业知识能力不同，自我管理能力很难只通过在校学习课程而获得，应由家庭、学校和社会全方位进行培养。

自我管理能力是职业成功所需要的品质，能够帮助个人更好地适应周围的环境，因而在职场中的作用日益突出。招聘中，越来越多的用人单位更重视面试，考官会通过观察应聘者的肢体语言、面部表情、语速、语调等进一步了解应聘者，甚至通过一些模拟场景来考察应聘者的自我管理能力，从而挑选出企业所需要的人才。

三、可迁移能力

可迁移能力是一种通用能力，是职业生涯中除岗位所需的专业能力之外的基本能力，是能够适用于各种职业、适应岗位不断变换、伴随人终生的可持续发展能力。可迁移能力的特征是可以从生活中的方方面面，特别是工作之外得到提升，并且可以应用于不同的工作。在职业生涯规划中，可迁移能力是需要被最先和最详细叙述的，也是最能持续应用和最能够依靠的能力，专业知识能力的应用也是以可迁移能力为基础的。

美国著名心理学家和职业专家赫伍德·菲格勒（Howard Figler）将可迁移能力划分为十类，并对这些能力在职业竞争中的作用作出了高度评价。这十种能力分别是：

- 预算管理，表现为对现有资源的最佳运用。

- 督导他人，表现为执行、实现能力。
- 公共关系，表现为良好的营造氛围能力。
- 应对最后期限的压力，表现为强烈的攻坚能力。
- 磋商和仲裁，表现为合理适当的妥协共存能力。
- 公共演讲，表现为公共引导和宣传方面的潜力。
- 公共评论协作，表现为公共引导和宣传方面的能力。
- 组织、管理、调整能力，是领导和资源协调能力的综合体现。
- 与他人面谈的技巧和能力，是个体交往潜力的集中表现。
- 教学和教导能力，表现为传授、传播方面的潜质。

心理学家罗圭斯特与戴维斯（Lofquist & Dawis，1984）在对个体的工作适应问题进行多年研究以后，提出了明尼苏达工作适应论。他们认为，当工作环境能够满足个人的需求时，个人会感到"内在满意"；而当个人能够满足工作的要求时，个人能够达到"外在满意"（即令自己的雇主、同事感到满意）。当个人能够同时达到内在和外在都满意时，个人与环境之间的关系就比较协调，个人的工作满意度就会比较高，在该工作领域也能持久发展。"外在满意"主要通过衡量个人职业能力与工作的能力要求之间的配合程度来进行评估。培养和发展自己的能力，发挥个人的潜能，与个人的职业满意度、工作适应性以及职业稳定性具有直接关系。

在校学习是能力培养的一个重要过程，即学好专业知识，提升专业知识能力。无论是在求学期间还是在求职、工作阶段，我们都不能忽视对自我管理能力和可迁移能力的培养。值得注意的是，当今的时代，"复合型人才"备受青睐，能力的组合显得更为重要。

案例8

粒粒和威威通过职业性格和职业兴趣测评，进一步明确了自己的求职方向，接着两人开始了各自的职业能力探索。

威威综合自身的性格、兴趣，决定调整自己的求职方向，在外贸公司中与数据跟踪相关领域寻找合适的职位，这样可以兼顾专业方向和岗位性质。于是他开始在各大招聘网站上浏览相关招聘启事。他发现目前用人单位在招聘时会对求职者提出多种能力要求，招聘的都是"复合型人才"。

比如，某网站上发布了一则"外贸公司物流专员"的招聘启事，岗位及任职要求如下：

1. 岗位要求

（1）能够跟踪处理物流订单，制作报关所需的文件等

（2）能够负责物流信息的反馈及跟踪

（3）能够负责与物流公司之间的协调与沟通

（4）能够制作仓库出入库文件

（5）能够完成上级安排的其他工作

2. 任职要求

（1）大学专科或以上文化程度，熟悉物流作业流程

（2）熟悉办公软件的运用

（3）有一定的英语听说读写能力（CET-4及以上），会小语种（日、韩、西、俄语等）的人员优先录用并有额外津贴

（4）有一定的数据统计、分析能力

（5）有上进心，有毅力，有学习热情，责任心强，热爱外贸事业

（6）有良好的沟通能力，对待工作认真负责，具备良好的心理素质，能适应快节奏高效率的工作环境

这则招聘广告中所涉及的能力有物流专业知识、办公软件运用能力、语言能力（包含英语及小语种）、报关相关知识、学习能力、沟通能力、信息处理能力、抗压能力、责任感等，这些能力就是"外贸公司物流专员"这一职位对应聘者的要求。

其中，专业知识能力有物流专业知识、办公软件运用能力、语言能力（包含英语及小语种）、报关相关知识等。自我管理能力有抗压能力、责任感等。可迁移能力有学习能力、沟通能力、信息处理能力等。

威威运用实训营课上学到的"能力提升表"将自己已经拥有的能力与职位要求的能力进行对比，看两者是否匹配，见表2-2。

威威从自己的"能力提升表"中发现，虽然还需再提升一些方面的能力后才能达到职位要求，但他并不气馁。对于那些目前还不具备的能力，他进行了认真思考：是自己确实没有这项能力且短期乃至较长的时间里都难以具备，还是自己没有意愿获得或动力不足，如孟子所言"非不能也，是不为也"。对于那些已经拥有的能力，他也在琢磨哪些是可以做得更好的，哪些是目前难以再提升的，是否有可能通过学习实践得到提升。

表 2-2　　　　　　　　　　　威威的能力提升表

我理想中的职业：外贸公司物流专员		
专业知识能力	我已经拥有的	物流专业知识、办公软件运用能力、语言能力（英语、日语）
	我仍需发展的	报关相关知识
自我管理能力	我已经拥有的	责任感
	我仍需发展的	抗压能力
可迁移能力	我已经拥有的	学习能力
	我仍需发展的	沟通能力、信息处理能力

威威在专业知识能力方面，已经掌握了物流专业知识，这是他的专业优势；通过大学期间的英语学习、日语自学和课余日汉翻译实践，他已经掌握了在外贸公司工作所需要的语言能力等；而仍需发展的报关相关知识，则是可以通过自学或工作中的培训去获得的。在自我管理能力方面，威威已经拥有责任感，而尚欠缺的抗压能力等，则需要在工作和生活中逐步提升。在可迁移能力方面，威威已经拥有了学习能力，而沟通能力、信息处理能力则需要在工作和生活中着重锻炼。

职场对能力的要求是复杂的，成才的关键在于以发展的眼光看待并提升自己的能力。其实威威已经具备了多项关键能力，如果他再根据自己目标职业的岗位要求进行相关能力的提升，在迎接职场挑战时将更加自信。

练习 11　夸夸我自己

一、能力初探

回忆并写下你在生活中做过的带给自己巨大快乐和成就感的 5~7 件事情。每件事情包括以下内容：做这件事情要达到的目标是什么，在完成这件事情过程中遇到的障碍是什么，你具体做了哪些事情，取得了什么成就，用什么能够度量自己的成就。把这些内容填入求职档案 8 中。

二、能力提升

1. 利用 STAR 法则，写下生活中令你最有成就感的至少 5 个具体事件，并记录在求职档案 9 中。

（1）说明。STAR 法则的含义是：S，即 situation，指事情是在什么情况下发生；T，即 task，指任务；A，即 action，指针对这样的情况分析，采用了什么行动方式；R，即 result，指结果怎样，在这样的情况下你学到了什么。

（2）注意。不用考虑是否挣钱，或者事件有多大，只要符合以下两条标准就可以被视为"成就"：一是你喜欢做这件事，二是你对结果感到自豪。

2. 在求职档案 9 中分析自己的能力使用情况：

经过小组讨论和互相交流反馈，对"我的成就故事"进行分析，看看自己在其中使用了哪些能力，最后对这 5 件成就事件所使用的能力进行归纳和总结分析，重点分析自己最擅长的能力特征。

三、能力展望

请在求职档案 10 中记录以下内容：

在心中想象一个特别向往的职业，仔细思考这一职业所需要的能力有哪些？在这些能力当中，你已经具备的能力是哪些，还需要发展的能力有哪些？

第三章　自我思考：我能找到怎样的工作

通过前两个阶段的探索，我们已经初步确定了意向岗位所在的范围，现在要做的是进一步将这个意向岗位厘清到具体行业和具体岗位，通过职业认知的思考过程，在多维度对工作岗位进行分析后做出理性的职业决策。

第一节　发现机会

当前我们正处在多变的就业环境中，需要时刻关注就业市场的动态，及时获取更多就业信息。实时动态地把握好当前紧缺职业、新职业和新就业形态等信息有助于我们对"我能找到怎样的工作"进行更为全面的自我思考，最终做出更为理性的职业选择。

一、了解职业分类

《中华人民共和国职业分类大典（2015年版）》（以下简称《大典》）将我国职业归为8个大类，75个中类，434个小类，1 481个细类（职业）。其中第一大类是国家机关、党群组织、企业、事业单位负责人，第二大类是专业技术人员，第三大类是办事人员和有关人员，第四大类是商业、服务业人员，第五大类是农、林、牧、渔、水利业生产人员，第六大类是生产、运输设备操作人员及有关人员，第七大类是军人，第八大类是不便分类的其他从业人员。

对《大典》的了解，有利于我们了解当下的职业情况，为发现就业新机会奠定基础。

二、了解紧缺职业

紧缺职业一般是指对于当前以及未来国家或地区发展急需的、具有一定晋升空间、收入相对呈稳步上升、发展前景广阔的职业，一般以中国就业培训技术指导中心每季度公布的《全国招聘求职100个短缺职业排行》为准，具体的紧缺职业还因地区不同而有差异。了解紧缺职业的重点在于关注紧缺职业所在的行业发展情况，将职业和行业两者结合考虑，作为未来职业发展规划的依据。

三、了解新职业

科技的不断发展带动了传统职业的变迁，促进了社会的发展，也带来了行业的结构性调整。这种结构性调整不仅波及产业行业，而且还渗透到职场本身，深度影响着就业的结构性调整，于是新职业应运而生。

新职业是指经济社会发展中已经存在一定规模的从业人员、具有相对独立成熟的职业技能，在《大典》中未收录的职业。

新职业包括两层含义，全新职业和更新职业。全新职业是指随经济社会发展和技术进步而形成的新的社会群体性工作；更新职业则是指原有职业内涵因技术更新发生较大变化，从而引起从业方式与原有职业相比已发生质的变化。

随着经济社会发展、科技进步，2019年以来，人力资源社会保障部等部门陆续发布了若干新职业，见表3-1。我们要结合自己的实际情况关注相关职业尤其是新职业等的情况，对自己的求职就业会有很大帮助。

表 3-1　　　　　　　　2019 年以来发布新职业情况

发布日期	发布个数	新职业名称
2019 年 4 月	13 个	人工智能工程技术人员、物联网工程技术人员、大数据工程技术人员、云计算工程技术人员、数字化管理师、建筑信息模型技术员、电子竞技运营师、电子竞技员、无人机驾驶员、农业经理人、物联网安装调试员、工业机器人系统操作员、工业机器人系统运维员
2020 年 7 月	9 个	区块链工程技术人员、城市管理网格员、互联网营销师、信息安全测试员、区块链应用操作员、在线学习服务师、社群健康助理员、老年人能力评估师、增材制造设备操作员
2021 年 3 月	18 个	集成电路工程技术人员、企业合规师、公司金融顾问、易货师、二手车经纪人、汽车救援员、调饮师、食品安全管理师、服务机器人应用技术员、电子数据取证分析师、职业培训师、密码技术应用员、建筑幕墙设计师、碳排放管理员、管廊运维员、酒体设计师、智能硬件装调员、工业视觉系统运维员

诚然，新职业的不断出现反映了时代发展，也提供了更加多元化的职业选择。但在选择新职业就业的时候仍需要注意以下几点：

1. 要有自我保护和劳动维权意识。虽然职业是新兴的，但仍遵循着合规合法的劳动程序和用工形式，个人在付出劳动的过程中，同样需要签订劳动合同，享受劳动权益，受到法律保护。

2. 要以知识和技能的迁移为主考虑自己是否与新职业相匹配。在选择新职业时，切不可盲从跟风，需要从自身出发审视新职业与自己的知识和能力之间的匹配度，通过职业认知，有条件地进行企业参访，深入自我思考，谨慎做好职业选择。

3. 确认好新职业以及行业的生命发展周期，做好短期及长期的职业规划。有些新职业是有其生命发展周期和规律的，这些内容需要在做职业选择时进行同步思考，确保做出理性而又符合自己意向的决策。

四、了解新就业形态

新就业形态是随着以互联网为核心的新一轮科技和产业革命发展而出现的，它改变了劳动力市场的格局和资源配置方式，冲击了传统的就业观念和就业方式。

新就业形态的"新"体现在就业领域新、技术手段新和组织方式新，是互联网环境下对传统就业的拓展延伸。新就业形态有的是全新的领域，如数字威客、相互宝调查员；有的是为传统的职业提供了改进升级的新发展空间，如滴滴司机。新就业形态多依托于互联网技术，将就业岗位与互联网技术相结合衍生出新型的灵活就业模式。

新就业形态与传统就业方式的关键区别在于就业和劳动关系是否标准化、规范化。而新就业形态与一般灵活就业也有所区别，其关键在于是否依赖互联网等信息科技手段。网络数字转型带来的就业市场结构重组升级是新就业形态出现的内因。

新就业形态有以下四种类型：

1. 共享经济平台的按需就业。主要由在线平台组织，基于移动技术，以满足消费者特定任务需求为导向，可以直接连接劳动力的供给方和需求方。具有更加个性化、服务质量更加稳定、服务范围扩大等特点。主要职业包括网约车驾驶员、网络平台送餐员、网约家政服务员、网约快递员、网约美甲师、网约搬家人员等。

2. 电商平台新就业。电商平台创造的新就业机会不仅包括与核心产品或服务直接相关的就业机会，还包括平台形成的"生态系统"带来的间接就业机会。每当电商"生态系统"各组成部分工作分工细化，就会产生新的工作。

3. 基于在线劳动力市场的众包就业。在中国也被称为威客，是指通过互联网将智慧、知识、能力和经验转化为实际利益的人。威客根据他们的知识、智慧、经验和技能帮助解决客户在科学、技术、工作、生活和学习方面的问题，提供的大多数产品都是知识产品，例如商业广告的创意、活动计划等。

4. 其他类型的新就业形态

一是创业式就业，将个人创业作为一种就业方式。创业式就业的代表是"创客"，其正处于向正规企业过渡的阶段。如果创业成功，"创客"将转变为企业家或新企业的雇员。有些公司在其内部建立了企业的创新平台，为创业式就业提供了动力。

二是粉丝经济就业，是指以自身影响力和粉丝效应为基础的网络内容生产者、知识付费作者、自媒体发布者、职业拍客、旅游美食达人等。

三是特定社群就业，是指从业者需要在具有共同价值取向、兴趣爱好等的社群中，利用自身的影响力和粉丝效应获取收益。社群一般是基于成员之间的价值认同和情感需求而建立的，如读书社群、母婴社群等。

目前，国家提出"支持和规范发展新就业形态"。新就业形态从业者的权益保护、劳动关系认定、工伤赔偿、社保缴纳等问题正在规范过程中。因此，当我们兼顾就业多元化的同时，也要同样思考新就业形态是否适合自己当下的状态。

五、报考国家公务员

报考国家公务员也是高校毕业生就业的一种选择，近年来报考人数逐年上升。目前报考国家公务员的年龄范围仍是 18~35 周岁，学历要求大专及以上。对有意向参加国家公务员考试的求职青年来说，需要提前了解报考岗位的能力要求、报考内容，熟悉报考流程，制订备考计划并做好相关准备。

六、"三支一扶"计划

"三支一扶"计划的主要依据是原国家人事部于 2006 年颁布的《关于组织开展高校毕业生到农村基层从事支教、支农、支医和扶贫工作的通知》，鼓励大学生在毕业后到农村基层从事支教、支农、支医和扶贫工作，服务期限一般为 2~3 年。一般来说，"三支一扶"计划是为经济欠发达地区招募有能力的高校毕业生，也是求职青年实现自我社会价值的一种方式。

七、结合国家人才发展战略规划

在求职过程中还需要考虑与国家人才发展战略规划适当结合，如将西部大开发的人才战略、人才强国计划等与个人的职业生涯规划相融合，让职业发展实现价值最大化。

第三章　自我思考：我能找到怎样的工作

练习 12　对发现新机会的思考

请自行梳理本节中所介绍的各就业机会的优缺点，并思考是否会成为你的就业机会，为什么？把你的思考结果填入求职档案 11 中。

小结

尽可能开拓视野，从长期而不是短期角度去思考个人未来的职业发展，相信经过对本节内容的学习与思考，将更加坚定我们的职业决策。

第二节　职业认知分析

职业认知分析是指求职者通过不断收集、提取与意向岗位相关的信息，多维度进行自我职业探索、人岗匹配的分析过程，是探索解决"我能找到怎样的工作"这个问题的重要手段。

面对一个或几个意向工作岗位，我们可以从兴趣爱好、入职资历、生活方式、工作场所和行业现状五个维度进行职业认知分析。

一、兴趣爱好

兴趣是最好的老师，它能使我们对自己的职业保有持久的热忱，对职业发展起着积极的作用。有了兴趣的力量，职业生涯可以走得更长远。

从兴趣爱好入手，重点思考自己的兴趣爱好是否与某些工作岗位的知识点或能力需求相关，从而进一步思考将兴趣爱好转化为职业方向的可能性。具体做法是：先梳理罗列与意向岗位相关的知识点和技能清单，然后与个人现有的兴趣爱好进行匹配，进一步再对已有的一个或者几个意向岗位进行选择，如图 3-1 所示。

必须指出的是，与兴趣爱好进行匹配的是从意向岗位中分析、提炼、梳理出来的知识点和技能，而不是对意向岗位的工作内容做一一对比。

梳理兴趣爱好不仅可以进一步加深对自我的了解，而且可以为我们之后的面试做好准备，成为在面试中拉近与面试官距离的谈资，帮助面试官了解我们与意向岗位的

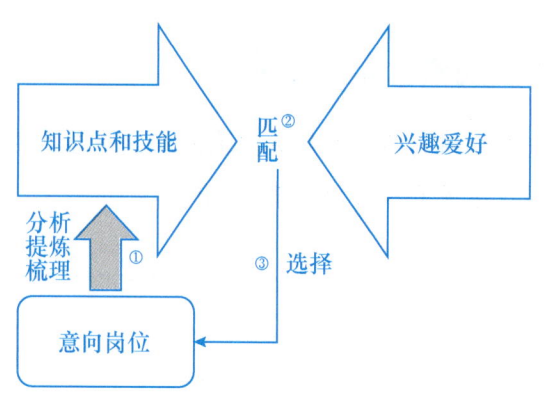

图 3-1　兴趣爱好梳理示意图（①、②、③为先后顺序）

相关度，快速活跃面试气氛，从而有机会在面试中获取部分主导权。

二、入职资历

入职资历是我们进入具体行业、具体岗位的准入门槛。诚然，完美匹配的入职资历是第一时间拿到企业面试"入场券"的保证，但并不是说我们的入职资历必须与岗位招聘信息所列内容完全符合才能去应聘。入职资历是一个综合性的概念，并非单指学历，它还包括年龄、工作经验、工作年限、专业背景、行业经验、资质证明等多方面内容。

正确理解入职资历与求职就业之间的关系，要从入职资历的四个层次入手。

一是入职资历不是就业路上的"拦路虎"。有人认为入职资历中只要我们有一条不符合，就没有应聘的机会，这种理解是有偏差的。事实上，入职资历是对求职者能力的多维度、如实总结。例如，对刚离校的高校毕业生来说，恐怕很难用具体的工作年限和工作经验来反映岗位要求中的工作能力，但在校期间的学习成果展现、学习能力反映、参与研究项目的经验、实习实践经验等都可以作为企业方判断其是否胜任岗位的依据。因此，求职者可以尽可能提供与岗位招聘信息中相关的内容，但务必确保真实客观，切忌吹嘘与造假。

二是入职资历的展现并不是"流水账"，而是需要针对意向岗位"量体裁衣"，突出个人优点与竞争优势，最重要的是体现入职资历与意向岗位的相关度。

三是对入职资历的展现要建立在对意向岗位尽可能充分了解的基础上。例如，如果我们了解到一个意向岗位有完善的晋升体系，那么在入职资历中就要体现后续的个人晋升计划，如基于岗位正在学习相关专业知识、正在准备资质考试或有学历提升的计划等，体现入职资历在时间维度上的延续性。

四是入职资历不是一成不变的，会根据企业、管理维度和行业的不同而变化。入职资历的内容是需要从企业的岗位招聘信息中解读出来的，往往对于同一个名称的岗位，由于企业、管理维度和行业的不同，对入职资历的认定会千差万别。比如，同样是销售岗位，外资企业可能会比内资企业在招聘时更注重对英语的要求；而同一家公司的销售岗位，销售经理就会比销售助理多一个管理经验的要求；而一个医疗行业的销售岗位和一个快消行业的销售岗位，入职资历中对于行业专业知识的要求也会不同。

因此，对于入职资历，我们需要全方位、综合性地思考意向岗位需求与我们现有资历的相关度。

三、生活方式

对生活方式的思考，是指要了解意向岗位会对我们未来生活带来哪些影响，包括上下班通勤时间、加班外勤出差等信息、上班着装风格、工作节奏和强度等，个人是否能接受并愿意努力去适应。这些内容往往与我们能感受到的幸福指数相关，在很大程度上影响就业的稳定性。

目前，我国大部分企业都采用朝九晚六的工作时间，但也有部分行业或企业采取轮班制、夜班制、弹性制等形式的工作时间。有些工作岗位的工作强度还会因为淡旺季、季节性、节假日等因素而截然不同。因此，对意向岗位生活方式的深入了解，也是对未来职业规划的深入思考。需要特别指出的是，选择非常规工作时间的意向岗位需结合自己实际情况，综合衡量意向岗位在未来对我们生活整体的影响，在此基础上做出理性的决定。

此外，工作环境的轻松与严肃、工作氛围的低压与强压、工作风格的保守与进取等也属于生活方式范畴，影响着我们的工作心情和工作效率。这些信息都需要我们在职业认知过程中尽可能多地收集、了解和分析，作为最终职业决策的重要依据。

四、工作场所

工作场所会根据不同工作岗位的内容和性质而有所不同。对意向岗位的工作场所需要从整体上去考量。如程序专员、客服专员等岗位，可能需要长期整日坐在工位上工作；而业务员、销售员、项目制工作人员等岗位可能需要更多时间在公司以外的地方工作，如客户所在的场所、咖啡厅、其他特定场所等；人事或行政岗位的主要工作场所是在企业内部，但也会因为要处理员工社会保险或工商行政事务而偶尔外出。

对意向岗位工作场所的思考在一定程度上能勾勒出一个人的职业定位以及对未来职业发展的规划。确定意向岗位时，我们可以通过网络搜索岗位信息、实地考察企业或咨询亲朋好友等方式，尽可能多地获取对企业工作场所的信息，以确认是否符合我们的预期，也可以在面试中询问面试官，为职业决策提供更多实证。

五、行业现状

对意向岗位行业现状的了解是指研究意向岗位所在行业的竞争性、对专业背景的要求、工作强度、工作压力、技术更新、薪酬水平、发展周期以及发展周期内对岗位竞争度和人际关系的影响等。也就是说，我们对于意向岗位的选择要从整个行业层面上进行考虑。

从长远来看，我们在未来职业生涯中会遇到跳槽、晋升、同行业的职能变迁、同职能的跨行转变等多种可能性，而这些可能性实现的基础往往就来自我们求职时对行业现状的分析。换句话说，我们在思考意向岗位时，除了要考虑具体工作岗位这条横轴的情况外，还要考虑岗位所在行业这条纵轴的情况，努力找到岗位和行业之间的关系，由此来做精准定位。从全局来看，选择好适合自己的行业甚至比选择具体的岗位更为重要，个人目标能否成功实现很大程度上与行业生态发展息息相关。行业现状分析与岗位选择示意图如图3-2所示。

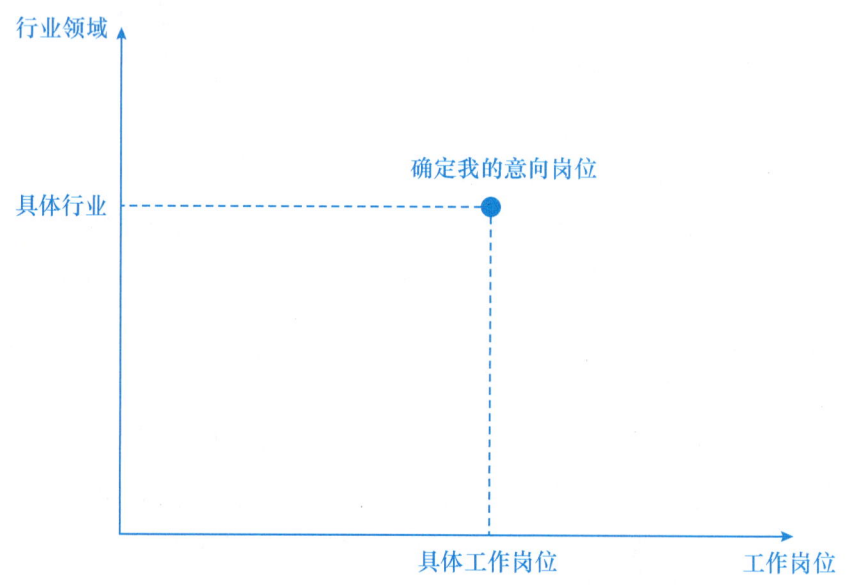

图3-2　行业现状分析与岗位选择示意图

例如，21世纪崛起的互联网行业中，随着市场需求的不断增多，很多岗位竞争非常激烈，出现了面试周期长、几百人竞争一个岗位名额的情况。原因是这些行业的岗位能提供高薪资，而且工作条件相对优越，但同时面临的压力与难度也很大。那么，这样的行业发展现状是否符合个人的实际情况，我们需要进行理性思考。

求职时，我们需要尽可能多地搜集行业现状相关资料，动态掌握行业动向，从而尽早为自己谋划职业道路与未来发展空间。

综上所述，职业认知分析五个维度的要点，如图3-3所示。

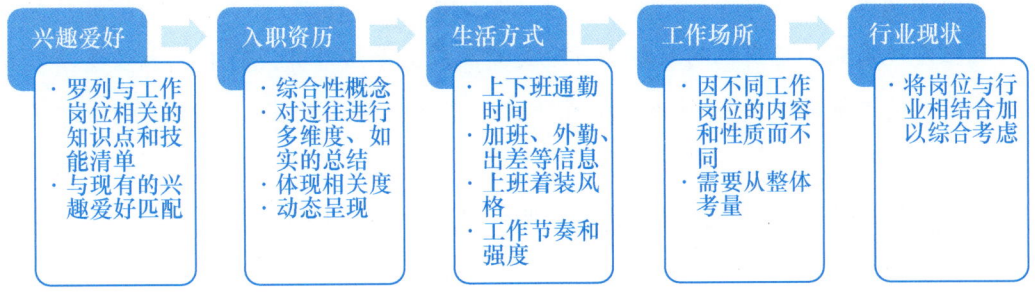

图3-3　职业认知分析五维图

兴趣爱好、入职资历、生活方式、工作场所和行业现状五个维度是职业认知分析中的核心要素，但对职业认知分析的维度并不仅限于此。由于个人情况的差异性以及就业形势的复杂性，每个人对未来就业岗位的认知还会有其他维度的延伸或扩展，这都需要我们在未来不断进行探索。

案例9

对"采购专员"岗位的职业认知分析

最近，粒粒听亲戚朋友说起采购专员岗位比销售员轻松，又不用在办公室坐班，工作时间比较自由，于是萌发了想做采购专员的念头。但采购专员究竟是做什么的，工作岗位有哪些要求，粒粒一头雾水，对照自己的条件，也不知道该做些什么。

粒粒运用实训营课上乐老师教的职业认知分析五维图，对照网络上找到的有关采购专员岗位的招聘信息，认真地分析起来。

1. 兴趣爱好

采购专员的岗位要求是：负责公司产品原材料、标准件、辅料等的采购及入库工作。

粒粒想到了自己的兴趣爱好，她喜欢旅游，每次在旅游后都会给朋友和家人带礼品，因此会关注当地土特产品的价格、游客购买的热销品排行等信息。粒粒很享受自己通过一番市场调研、货比三家，为家人和朋友买到合适的礼物并最终送出的成就感和愉悦感，因此对于这条要求，粒粒感觉这个岗位可以一试。

2. 入职资历

粒粒发现采购专员岗位的入职资历除大专及以上学历外并没有其他太多要求。由此可知，采购专员并不是一个必须要有从业证书才能上岗的岗位，行业门槛并不算高，而且是偏商科类岗位，因此对专业背景要求也不高。不过，粒粒最感兴趣的是一家外资企业的采购专员岗位，所以会有一些简单英语沟通上的要求。

3. 生活方式

粒粒通过网络地图搜索，查到这家外资企业与家的距离，发现上下班时间基本在单程1小时之内，且采购专员上下班时间相对比较稳定，平时加班不多，朝九晚六，基本可以平衡工作与生活的节奏。

4. 工作场所

粒粒发现同样是采购专员岗位，有些行业的采购专员需要到处跑仓库去确认原材料。若遇上高温天气，仓库温度可能高达40~50 ℃，而有些采购专员岗位还需要经常出差。粒粒思考着若是遇到这样的采购专员岗位，自己是否还愿意接受。

5. 行业现状

岗位离不开行业，粒粒发现几乎每个行业都需要采购岗位，只是互联网行业的采购岗位对货物的周转率要求更高，而类似一些工业设备行业则没有那么高。但不同的行业，其采购专员岗位的薪资水平、发展前景、生命周期、行业内的竞争程度等各不相同，对就业的稳定性有一定的影响。

经过上述五个维度的职业认知分析，粒粒针对"采购专员"岗位做了一张职业认知五维分析表，详见表3-2。

表 3-2　"采购专员"岗位职业认知五维分析表

分析维度	职业信息分析	个人情况分析	是否具有相关度
兴趣爱好	负责公司产品原材料、标准件、辅料等的采购及入库工作	喜欢旅游，享受为朋友挑选礼物并最终送出后的成就感和愉悦感	有相关度：喜欢旅游，每次在旅游后给朋友和家人带礼品，会关注当地土特产品的价格、游客购买的热销品排行等信息，很享受自己通过一番市场调研、货比三家后为家人和朋友买到合适的礼物并最终送出的成就感和愉悦感
入职资历	大专及以上学历 对英语书面、口语表达能力有一定要求	本科学历 大学英语四级成绩超过 425 分	基本达到准入标准
生活方式	企业与家的距离在单程 1 小时之内 朝九晚六的工作时间 平时加班不多	基本可以平衡工作与生活的节奏	比较符合预期
工作场所	有些岗位需要到处跑仓库确认原材料，若遇上高温天气，仓库温度可能高达 40~50 ℃ 有些岗位可能需要经常出差	相对来说喜欢稳定的工作场所	需要与公司招聘人员做进一步沟通，获取更多信息
行业现状	不同的行业，其采购专员的薪资水平、发展前景、生命周期、行业内的竞争程度等各不相同	目前对行业尚无限制	需要进一步明确自己适合的行业

 求职小贴士

通过对兴趣爱好、入职资历、生活方式、工作场所、行业现状这五个维度由内而外的自我思考，我们可以重新审视自我，分析出哪些信息已经掌握充足，哪些信息还需进一步补充，从而为做好职业决策提供依据。

练习 13

请按照职业认知分析的五个维度完成属于自己的职业认知分析五维图。然后，请和邻近的小伙伴进行交流，再次确认是否有需要调整的地方。

第三节 职业访谈

如果说职业认知分析是一个多维度了解意向岗位的方法，那么做好职业访谈可以帮助我们了解当前的自己适合怎样的工作。

作为高校毕业生，我们可以从家庭成员入手进行职业访谈。一般来说，家庭环境对一个人的人生观、价值观、世界观影响非常大，这样的家族烙印也会影响到个人对职业的偏好。因此，深入探索"我能找到怎样的工作"这个问题时，从家庭职业访谈入手是非常必要的。

家庭职业访谈是以系统的视野去了解家庭对我们职业发展或者职业选择的影响，我们可以选择直系亲属和旁系亲戚进行访谈，了解他们选择的职业对他们产生的影响，然后和我们想要从事的职业做比较，梳理出适合自己的职业。

当然，现在的职业访谈不仅限于家族内部，身边好友、同学等也同样是我们的访谈对象，也可以作为我们选择职业的参考。

要做好职业访谈，我们可以遵循以下四个步骤。

一、罗列访谈对象

先罗列出与我们关系最近的直系亲属，包括父母、兄弟姐妹、祖父母、外祖父母等。同时可以选择三代以内旁系亲属或选择好友、同学进行访谈。选择对象以企业HR、职业目标清晰或深耕某行业的专业人士为宜，以帮助或启发我们厘清职业脉络。

二、确定访谈问题

为提升职业访谈的效率、聚焦访谈要点，我们需要提前确定访谈问题。职业访谈的目的是了解访谈对象对所从事职业的理解、感受以及对其产生的影响，从而让我们的职业选择有据可循。我们可以从访谈对象的职业快乐点、痛苦点、坚持点入手，多维度了解职业对人的影响，找到适合自己的职业期待。

为此，我们设计了职业访谈记录表，大家可以把每个访谈对象的具体内容填入其中，详见表3-3。

表 3-3　　　　　　　　　　职业访谈记录表

访谈对象	职业	快乐点	痛苦点	坚持点	对职业发展的期待
爸爸					
妈妈					
爷爷					
奶奶					
外公					
外婆					
其他 1					
其他 2					
……					

敲黑板

职业访谈在自我思考过程中并非必要的环节，若已有明确的求职方向可以跳过此环节。此外，若条件允许，职业访谈的对象当然越多越好。然而在实际运用过程中，由于条件所限，未必能对所有对象进行访谈，因此可以选择有条件的访谈对象或个人较感兴趣的访谈对象。

三、绘制我的家庭职业树

完成职业访谈记录表后，我们就要开始绘制我的家庭职业树了，具体样式如图3-4所示。

家庭职业树是一个能够有效呈现职业访谈记录的工具，通过罗列家庭及周围亲朋好友的职业选择，可以帮助我们思考职业选择应该从哪些维度入手，便于我们做出更为合理的职业选择。

四、职业访谈结果整理

绘制完"我的家庭职业树"后，我们就要开始整理职业访谈结果了。我们可以通

图 3-4 我的家庭职业树

过问题清单进行梳理,并通过"职业访谈结果梳理表"记录我们的思考过程,详见表 3-4,为最终职业选择提供依据。

表 3-4　　　　　　　　　职业访谈结果梳理表

序号	问题清单	我的梳理结果
1	访谈人物中从事最多的职业是什么?	
2	你想从事该职业吗?为什么?	
3	访谈人物如何评价他们的职业?	
4	访谈人物还会提到哪些职业?他们如何评价?我的想法是什么?	
5	访谈人物对于家庭成员所从事的职业觉得最满意的职业是什么?原因是什么?对我有什么影响?	
6	家人最常提到的关于职业的事是什么?	
7	家人常想到的关于职业的事对我的影响是什么?	
8	我绝不考虑哪些职业?	
9	我考虑过哪些职业?	

案例 10

威威的职业访谈及家庭职业树

通过学习实训营"自我画像"课程,威威了解到自己比较倾向于数据跟踪相关的工作,但对于能找到怎样的工作岗位,依然感觉比较困惑。于是,实训营乐老师建议威威做一次职业访谈。

威威选择妈妈、爸爸、爷爷、叔叔以及表姐进行访谈,完成了他的职业访谈记录表,见表 3-5。

表 3-5　　　　　　　　威威的职业访谈记录表

访谈对象	职业	快乐点	痛苦点	坚持点	对职业发展的期待
爸爸	国企安全员	上下班时间固定,很少加班,工作节奏相对稳定	遇到紧急突发事件,必须出现在第一现场	与专业相关度高,工作内容很熟悉	可以做到退休
妈妈	国企财务主管	管理整个财务团队,确保财务计划有效落实	团队有年轻员工加入,需要理解年轻人的想法	财务工作相对稳定,在可控范围内	确保团队有效运行
爷爷	央企财务科科长	带出不少徒弟	面临体制改革时需要不断学习与适应	大企业,靠得住	稳定,有时间可以顾家
叔叔	外企销售经理	个人能力与收入挂钩	渠道开拓和客户开发会随市场变化而变得不容易	努力能被看见	接触到不同类型的客户
表姐	报社记者	工作时间自由且薪资稳定	确保每月的稿件发布量	很好地发挥了自身特长	尝试更多媒体渠道和宣传方法,如自媒体平台、视频拍摄等

基于职业访谈记录表,威威进一步完成了他的家庭职业树,如图 3-5 所示。

后来,威威又根据职业访谈记录表和家庭职业树,对职业访谈结果进行了梳理,见表 3-6。

图 3-5　威威的家庭职业树

表 3-6　　　　　　　　威威的职业访谈结果梳理表

序号	问题清单	威威的梳理结果
1	访谈人物中从事最多的职业是什么？	财务相关岗位最多
2	你想从事该职业吗？为什么？	有点想，比较稳定，能与数字打交道
3	访谈人物如何评价他们的职业？	对他们的职业都比较满意
4	访谈人物还会提到哪些职业？他们如何评价？我的想法是什么？	老师、医生、公务员，觉得这些职业比较稳定，我也想找比较稳定的职业
5	访谈人物对于家庭成员所从事的职业觉得最满意的职业是什么？原因是什么？对我有什么影响？	大家都比较满意表姐的记者职业，因为薪资还行、工作量不是很大、可自由支配的时间较多。我比较向往这种类型的职业，但是对记者的工作内容不是很感兴趣
6	家人最常提到的关于职业的事是什么？	做好自己的本职工作
7	家人常提到的关于职业的事对我的影响是什么？	工作还是要找踏实稳定的
8	我绝不考虑哪些职业？	金融业从业者、艺人、自媒体、摄影师
9	我考虑过哪些职业？	公务员、物流专员、翻译

粒粒经过职业认知分析五维法已确定了自己的意向岗位,因此在乐老师的建议下,粒粒可以直接跳过职业访谈环节,通过企业参访进一步了解意向岗位在企业中的作用。

练习 14

请你根据自己的实际情况,独立完成一次职业访谈,并将访谈过程记录在求职档案 12 中,然后请在求职档案 13 中绘制你的家庭职业树,最后将你整理的职业访谈结果填入求职档案 14 中。

然后思考:现在你的意向岗位是什么?你对未来的职业期待是什么?

 第四节　企业参访

在对意向岗位进行职业认知分析、完成了家庭职业树后,如果条件允许,最好能走进企业,身临其境地感受意向岗位在企业中的作用,近距离观察企业运作的实际情况,有机会与意向岗位的员工面对面对话,为日后进入相关工作岗位或行业做好准备。

一、企业参访的意义

通过企业参访可以了解社会需求,结合亲身经历巩固所学知识。同时,企业参访也是对我们专业知识与素养的一种检验,能够了解到校园里学到的知识在实际操作中如何运用,也可以学到校园里学不到的知识,为我们开启职场之旅打下坚实的基础,是近距离了解意向岗位的第一步。

二、企业参访前的准备

一般来说,企业参访是由学校相关部门、专门的组织或机构根据参加者的参访意向,联系企业相关部门对接预约后进行的。因此,我们需要预先明确参访目的、参访重点内容、访谈对象等,制订计划,主动积极地参与企业参访的整个过程。

企业参访计划通常包含以下三方面内容:

一是提前了解参访企业的基本情况。可通过网络搜索等各种渠道了解参观企业所在的行业、行业发展、主营业务、组织架构、发展历史等情况。

二是罗列企业参访时最想了解的内容。这些将是我们在参观企业时要重点观察和

倾听的内容，也很有可能是我们就业时最为关心的问题。

三是写下针对意向岗位最想了解的细节。这些细节应该是基于行业或具体岗位的专业性问题，也可以询问意向岗位的从业人员是否满意目前的工作或者工作收获之类的问题，更直观地了解自己与意向岗位的匹配度。

三、企业参访的过程准备

通常企业参访的节奏是比较紧凑的，既要保证参访顺利进行，又要以不影响企业正常运营为前提。因此，提前做好企业参访计划在此时显得特别重要。

企业参访计划要提前交给企业方，将参访过程中所有涉及的人员和所需时间预留出来，提前做好相应的准备工作，确保整个参访过程有条不紊地进行。

而作为参访者，我们也可以针对想要了解的内容做集中性的提问，同步做好相应记录，用于后续的信息整理，帮助我们确认就业意向。因此，参访过程中的笔记和音频视频记录很重要。值得注意的是，拍照、摄影或录音是否可行，需要提前征求企业方的允许。

总之，整个企业参访过程要带着问题、积极投入地参与其中。

四、企业参访的后续工作

企业参访结束后，我们需要复盘企业参访的整个过程，从中梳理出参访收获、职业期待以及对未来职业发展方向的思考，同步完善企业参访计划反馈表，详见表3-7，再次确认我们的职业意向。

表3-7　　　　　　　企业参访计划反馈表

企业名称		参访人员	
企业情况			
参访时想要了解的内容	具体内容		实地情况
访谈对象职位		姓名/职位	

续表

想询问的问题	具体问题	答复
确定的意向岗位		
原因分析		

练习 15　走近我的意向岗位

请进行一次企业参访，把你确认意向岗位的过程记录在求职档案 23 中。

第四章　自我定位：我最适合怎样的工作

在这一章中，我们将根据自我思考后的结果进行自我定位，最终探索出"我最适合怎样的工作"。我们将对已确定的一个或几个意向岗位进行网络搜索，了解意向岗位的招聘广告，解读招聘广告背后的信息，运用职业决策平衡单进行分析，找寻到自己最适合的岗位，再通过召开岗位匹配大会相对科学地做出职业决策。

第一节　岗位搜索

经过准备阶段的自我激发、自我画像和自我思考，我们对未来要从事什么职业已经有了相对明确的方向。要进一步明确最适合怎样的工作，我们需要通过网络搜索的方式观察意向岗位的招聘信息。

一、网络搜索渠道

1. 针对刚离校毕业生的求职渠道，如应届生求职网以及微信公众号平台"应届生求职网订阅号"等。

2. 面向所有求职者的求职渠道，如中国公共招聘网、58同城、前程无忧、智联招聘、Boss直聘以及全国各省、市、区人社部门开设的招聘网站等。目前，大部分招聘网站已实现微信公众号同步，我们可通过关注这些网站或微信公众号平台获得相关信息。

3. 公司网站、行业网站或微信公众号求职通道。如果心中已有心仪的公司或者行业，抑或我们所读的专业有对口的公司或者行业，那么我们可以直接登录公司或行业网站查找岗位招聘信息。通常这类公司都有比较完善的招聘体系，有专门的招聘通道。同样，相应的招聘信息也会同频发布在对应的微信公众号上。

4. 其他求职渠道。除网站、微信公众号外，可以通过手机App和微信小程序获取信息，如猎聘、领英等。

此外，我们还可以通过公司内部员工推荐、企业参访、校园宣讲等方式获取招聘信息。

 **求职小贴士**

随着时代的发展和科技的进步，相信未来还会有很多新的求职渠道涌现出来。作为求职者，我们需要持续关注，以开放的心态拥抱新形式的出现，及时从招聘信息中了解企业和行业未来的发展趋势，动态地做好职业规划。

二、岗位搜索方式

岗位搜索看似简单，但实际操作却并不那么容易，具体分两种情况。

对于已明确意向岗位的，可直接在招聘渠道中输入岗位名称进行搜索查找；而对于有明确意向公司的，可以通过招聘网站或该公司网站查找适合自己的岗位。

对于没有明确意向岗位或意向公司的，可以采取以下方式：

1. 通过专业或专业所对应的行业进行搜索。可以将专业作为关键词进行查找。当然，也有可能在招聘渠道上没有查到与专业完全对应的岗位，此时可以扩大专业范围，比如，把对外汉语专业扩大到文科，把机械自动化专业扩大到理工科，把会计专业扩大到商科等。

而有些专业本身自带行业属性，比如，数控技术专业、模具设计与制造专业等，几乎可以直接对应到制造业以及智能制造业的相关工作。因此，对于这样自带行业属性的专业，可以直接通过相关行业进行岗位搜索。

2. 通过工作年限或相关工作经验进行搜索。可以将工作年限或相关工作经验作为关键词搜索意向岗位，如"工作年限三年以内"或"相关工作经验一年以内"等，然后从中筛选出有意愿的岗位，再与自身其他条件进行匹配。

3. 通过交通线路进行搜索。我们选择职业往往也会考虑交通便利等因素，因此在不太明确意向岗位的时候，可以通过交通线路去搜索。比如，离家单程公交车1小时以内、地铁沿线、交通工具换乘少等。

4. 通过行政区域进行搜索。除交通线路外，还可以通过行政区域进行岗位搜索。比如，可以选择在家邻近的行政区域或者偏爱的行政区域内进行搜索，再进一步确认搜索出来的岗位是否符合自己的意向。

5. 通过分析自身能力进行搜索。可以通过分析与职业能力对应的自身能力，将其作为关键词进行岗位搜索。比如，中文专业毕业生一般具有写作能力、理解能力、表达能力、策划能力，以这些能力作为关键词搜索，就会出现策划、编辑、市场营销、新媒体等岗位信息。我们可以由此梳理意向岗位有哪些。

小结

一般通过"招聘渠道+岗位搜索"的组合方式，我们大致可以确定意向岗位，此时可以梳理出5个"我最想从事的意向岗位"，为职业决策做好准备。

第二节 招聘信息解读

岗位招聘信息通常由岗位职责和任职要求两个基本部分构成。我们对招聘信息的解读也应从这两方面入手。

一、解读岗位职责

岗位职责，又称工作职责或工作内容等，是指胜任这个岗位所需要具备的能力，通常以描述岗位具体工作内容的形式呈现。

我们要在岗位职责信息中辨别出岗位的职位目的，分解出岗位的关键成果领域，确定岗位的职责目标，从而解析出岗位日常所需的具体知识和能力要求，与我们具备的知识和能力进行匹配，为简历制作以及面试模拟做好准备。

企业往往会在招聘信息中透露出他们对岗位的期待、岗位在企业中的作用以及企业未来发展战略，这些都是我们需要格外关注、尽可能捕捉到的内容。

二、解读任职要求

任职要求，又称任职资格或岗位要求等，是指为了保证岗位工作目标的实现，对任职者必须具备的基本知识、技能、能力和个性等方面的要求，常常以胜任该岗位所需的学历、专业、工作经验、工作技能、能力等形式加以表达，是能进入该岗位的基本门槛、起步要求，通常包含着隐藏的能力要求。

任职要求一般由行为能力与素质要求两部分组成。行为能力包括所需要的知识、技能和经验等，素质要求则是指与岗位相符合的动机、个性、兴趣与偏好、价值观、人生观等。

三、解读其他信息

岗位招聘信息中的其他信息也同样值得关注，包括公司的背景、隐含在岗位要求中的工作量、工作节奏以及工作自由度等信息，我们也需要解读出来。

（一）解读公司介绍信息

公司介绍信息往往透露着公司业务范围、其在行业中的地位、公司规模、发展历史、企业文化等，可以帮助我们了解自己与企业以及与岗位之间的契合度，也能为我们进入公司后做好职业规划提供依据。

（二）解读薪资福利

有些岗位对任职要求不高，甚至没有学历要求，但薪资福利往往会反映这个岗位在公司里所处的地位和对应聘者能力的要求。比如，一些销售类的岗位，看似没有入职门槛，但薪资福利由"底薪+提成"组成，若这个岗位本身所在的行业易受季节或天气影响，我们就可以根据这些信息判断工作报酬是否稳定，再冷静思考这个岗位是否适合作为意向岗位。

（三）解读招聘人数

一般企业招聘信息中会列出岗位要招聘的人数。有些岗位所在行业比较热门，招聘人数又比较少，就意味着岗位竞争比较激烈，我们需要进一步分析如何让自己在众多竞争者中被招聘方看到。而有时企业招聘人数多也有可能反映出行业竞争激烈、产品更新速度快，比如，互联网行业中常有"在互联网行业工作一年相当于在一般企业工作三年"的说法，这就意味着这个行业工作节奏快、工作强度大。

（四）领导交办的其他工作

很多招聘信息中往往会加上一句"领导交办的其他工作"。这往往有四层含义：一是该岗位所在部门有可能是个辅助支持部门，会有临时性工作安排，与其他部门工作交集会比较多；二是该岗位的工作有可能会有些不可预见性，会有需要处理突发或紧急事件的情况；三是该岗位职能定位可能尚不清晰，需要在实际工作中不断完善；四是该岗位可能有一定自由度和灵活机动性，工作地点可能不固定等。

因此，客观解读岗位招聘信息的含义，做到心中有数，在岗位搜索中是非常重要的。

 **案例 11**

让我们通过粒粒在某招聘网站搜索到的某培训公司项目助理岗位的招聘信息，具体感受下解读招聘信息的意义。

一、招聘信息内容

（一）企业介绍

上海某培训公司，成立于2018年，是一家从事企业培训、咨询、一站式解决方案的专业机构。公司以"为企业提供互动体验式课程"为己任，公司自成立以来已陆续为企事业单位、科研院所、高等学府、社团组织等社会各类机构提供员工培训服务，累计培训量超1万人次，成为上海地区培训总人数超万人的培训机构之一。

（二）岗位职责

1. 协助项目经理完成年度项目目标，确保各项目的顺利实施与落地。

2. 参与项目计划的执行工作。

3. 协助完成项目线上线下宣传推广工作。

4. 协助进行与项目有关的物料准备、活动现场布置等工作，并能及时协调和解决突发事件等情况。

5. 及时与项目经理沟通工作进度，并总结汇报项目运行结果。

（三）任职要求

1. 大专及以上学历，有学生社团或相关实习工作经验者优先考虑。

2. 熟悉微博、微信、抖音等新媒体平台。

3. 具有较强的沟通能力和学习能力，性格活泼开朗，积极主动，务实肯干。

4. 喜欢与不同人群沟通与交流。

（四）招聘人数

1人。

二、招聘信息解读

（一）解读岗位职责

1. 该岗位是以完成年度项目的顺利实施与落地为考核标准的，个人绩效与部门绩效挂钩。

2. 该岗位对执行力、沟通能力、学习能力要求比较高，往往需要承担独立完成项目任务的责任。

3. 该岗位需要具备策划能力、文字编写能力，要求思维比较活跃，乐于接受新事物。

4. 该岗位会承担组织活动的任务，因此需要具备会务能力、应变能力和解决突发事件的能力。

5. 该岗位还需要具备沟通能力、汇报能力，有一定的口才，能明确知道项目进展情况并清晰地表达出来。

（二）解读任职要求

1. 该岗位的最低学历要求是大专，也就是无论全日制还是成人大专及以上学历均符合岗位招聘条件。

2. 该岗位对有学生社团或相关实习工作经验的人员优先考虑，也就是社交能力、沟通能力是必备条件，应届生也可考虑。

3. 该岗位需要"熟悉微博、微信、抖音等新媒体平台"，也就意味着该岗位需要掌握一定的媒体策划、视频拍摄及剪辑的知识和技能。

4. 该岗位相对来说比较适合性格活泼、积极主动、务实肯干的人，因为工作场景是需要经常与不同人群进行沟通的，沟通能力是必备的。

5. 该岗位还需要一定的活动组织策划和会务接待能力，可能会有主持访谈会、座谈会的情况。

（三）解读其他信息

1. 从企业介绍信息中可以体会到，该岗位所在的公司发展比较迅速，面对的客户比较多，业务发展相对稳定，在行业内处在发展上升期。

2. 岗位招聘人数为1人，但对候选人的能力要求比较全面综合，对候选人的独立性要求比较高，招聘前景上会呈现要么竞争激烈要么"凤毛麟角"的情况。

练习 16　梳理我的意向岗位

请利用本章介绍的搜索方法对你目前确定的意向岗位进行岗位招聘信息搜索，并进行招聘信息解读。把你的解读过程填写在求职档案 15 中。

小结

解读招聘信息是一个对意向岗位信息整理归纳总结的过程，为我们下一步进行职业决策分析做好准备。

第三节 职业决策分析

对意向岗位招聘信息解读后,我们就要开始做职业决策分析了。我们可以使用职业决策平衡单来进一步探索自己与岗位的匹配度。

一、职业决策平衡单

职业决策平衡单是一种计算工具,在选择工作时,将考虑的因素进行罗列,按重要性区分每个因素的权重、按分值进行打分,最后将每个因素的加权分数相加,得出的分数即可作为我们职业决策的依据。一般来说,职业决策平衡单中的权重分值为1~5分(1为最低分,5为最高分),分数值为1~10分(1为最低分,10为最高分),通过罗列10个考虑因素,我们可以对自己的意向岗位进行决策分析。

工作是生活的一部分,很多工作要素与我们的日常生活密切相关。而这些要素在每个人心里的比重各不相同,我们需要将这些要素罗列出来,梳理出对自己最重要的10个要素,再做进一步详细分析。

我们可以在意向岗位工作一天的生活状态为例,制作一份意向岗位考虑因素罗列表,详见表4-1。

表4-1　　　　　　　意向岗位考虑因素罗列表

考虑因素	考察点	是否能接受
起床时间	岗位要求的上班时间	
穿衣要求	岗位是否有着装要求,具体要求是什么	
早餐、中餐、晚餐	工作场所是否允许吃早餐,企业是否提供用餐(免费、补贴+自费、自行解决)	
路程时间	单程路程所能承受的最长时长	
交通工具	自行车、电动车、公交车、地铁等	
工作环境	办公室、厂房、仓库、门店等	
薪酬要求	企业提供薪酬的最低接受范围	
福利要求	对福利的基本要求	
上升空间	职业生涯发展路径	
公司发展的前景	公司在领域内的排位及发展前景	

续表

考虑因素	考察点	是否能接受
外语的使用率	所学语种在工作中使用的频率	
专业的吻合度	工作内容与所学专业的契合度	
工作人物交集	工作中与人打交道次数是否比较多	
工作时间	常规的作息时间，还是特殊的工作时间	
培训	企业是否有培训机制，能提供学习成长的机会	
加班	为确保工作进度，工作结束后或者休假日是否愿意投入工作	

我们需要从表4-1中选出10个自认为最重要的考虑因素，先从经济水平、自我成长、工作环境、企业发展4个维度剔除无关考虑因素，再对梳理出来的10个重要考虑因素给出权重分值和分数值。职业决策平衡单可以协助我们系统分析每一个意向岗位，判断各因素的利弊得失，然后依据各因素的加权分数总分值排定各意向岗位的优先顺序，以选择总分值最高的意向岗位。

在岗位搜索环节，我们已经梳理出5个"我最想从事的意向岗位"，经过表4-1的梳理，我们需要从中挑出3个意愿较强烈的岗位，放入职业决策平衡单作进一步分析。

二、使用职业决策平衡单的步骤

1. 列出3个意向岗位。

2. 在众多选择工作的考虑因素中罗列出前10个考虑因素。

3. 根据10个考虑因素，对应到3个意向岗位分别给出权重分和分数值。

4. 将各因素的权重分和分数相乘，计入各加权分数一栏中。

5. 分别统计3个意向岗位的总分值。

6. 根据统计结果，按总分值的高低排定3个意向岗位的优先次序，可作为我们职业决策的依据，即将总计1、总计2、总计3由高到低排序。职业决策平衡单样表见表4-2。

一般来说，每个岗位都有其特殊性，因此同一个考虑因素会因岗位不同导致权重发生变动。通过职业决策平衡单对3个意向岗位总分值进行比较，最终可以找到相对最适合自己的岗位。

表 4-2　　　　　　　　　职业决策平衡单样表

选项		意向岗位1		意向岗位2		意向岗位3	
考虑因素	权重	分数	加权分数	分数	加权分数	分数	加权分数
因素1							
因素2							
因素3							
因素4							
因素5							
因素6							
因素7							
因素8							
因素9							
因素10							
总计			总计1		总计2		总计3

注：权重在1~5分中打分，分数在1~10分中打分，加权分数为"权重×分数"。

案例 12

粒粒和威威根据实训营乐老师的指导，通过岗位搜索和招聘信息解读，分别找到了3个意向岗位，准备利用职业决策平衡单作进一步分析。

粒粒的职业决策平衡单见表 4-3。

表 4-3　　　　　　　　　粒粒的职业决策平衡单

选项		采购专员		市场专员		行政专员	
考虑因素	权重	分数	加权分数	分数	加权分数	分数	加权分数
通勤时间	3	5	15	10	30	5	15
职业兴趣	5	8	40	6	30	7	35
企业文化	4	7	28	7	28	6	24
上升空间	5	7	35	5	25	5	25
工作环境	3	6	18	8	24	7	21
人际关系	5	9	45	7	35	6	30
社会地位	4	7	28	6	24	5	20

续表

选项		采购专员		市场专员		行政专员	
考虑因素	权重	分数	加权分数	分数	加权分数	分数	加权分数
薪酬福利	5	8	40	6	30	8	40
工作强度	3	8	24	6	18	7	21
假期时长	5	8	40	6	30	6	30
总计			313		274		261

粒粒利用职业决策平衡单再次确认自己意向岗位的第一倾向是采购专员。

威威也根据乐老师的指点，做了如下的职业决策平衡单，见表4-4。

表4-4　　　　　　　　　威威的职业决策平衡单

选项		翻译		贸易专员		物流专员	
考虑因素	权重	分数	加权分数	分数	加权分数	分数	加权分数
通勤时间	4	8	32	8	32	7	28
工作时长	4	8	32	8	32	6	24
职业兴趣	5	5	25	8	40	7	35
可持续学习	5	6	30	7	35	7	35
周末双休	4	10	40	10	40	7	28
稳定性	5	9	45	9	45	5	25
语言能力	4	5	20	7	28	8	32
工作环境	4	7	28	9	36	8	32
人际关系	4	8	32	5	20	6	24
企业文化	4	6	24	8	32	7	28
总计			308		340		291

据此，威威确定自己首选的意向岗位是贸易专员。

练习17　计算我的职业决策平衡单

现在，请你从自己的"意向岗位表"中挑选出意愿较强烈的3个岗位，然后借助职业决策平衡单进行职业决策分析。请把你的分析过程记录在求职档案17中。

第四节　做出合理的职业决策

经过职业决策平衡单的一番梳理，我们已经确定了意向岗位，但这个意向岗位是否经得起推敲，我们内心从事这个岗位的意愿是否经得起考验，或许需要再次确认。于是，有条件的话，建议采用由"自我分析→同伴分析→集体分析"的方法，用"自助、互助、他助"的理念，以召开岗位匹配大会的方式，进一步厘清意向岗位，最终做出合理的职业决策。

一、岗位匹配自我分析

在完成职业决策平衡单时，岗位匹配自我分析就已经完成了一半。此时，我们需要再次追问自己，这样筛选出来的意向岗位是否是自己向往且符合内心的。

二、岗位匹配互评分析

我们可以和身边的家人、朋友、同学分享分析结果，聆听他们对这样选择的建议，进一步了解意向岗位对我们的未来会有怎样的影响，在他们眼里意向岗位是否同样适合我们。

三、岗位匹配大会集体分享

当有一个团队围绕在我们身边的时候，可以召开岗位匹配大会，把我们的想法在团队里做集体分享。这样的目的有三个：一是可以加深对岗位的理解，确认我们的意愿；二是让团队的成员从不同角度观察我们与意向岗位的距离；三是找到在探索意向岗位过程中的困惑点或盲点，确认是否选择开启另一段职业探索。

案例 13

粒粒和威威借助职业平衡单确定了各自的意向岗位，听了乐老师有关岗位匹配大会的讲解，二人对召开这样的集体分享会特别感兴趣。粒粒觉得性格相对内向的威威更需要通过岗位匹配大会加深其对意向岗位的理解，于是提议威威上台主动分享对意向岗位的思考。威威起先有些迟疑，但最终还是勇敢地上了台。

第四章 自我定位：我最适合怎样的工作

威威首先分享了得到翻译、贸易专员、物流专员3个意向岗位的过程，又分享了职业决策平衡单的结果，以及对贸易专员的认识。

威威通过网络搜索，了解到贸易专员的工作内容如下：

1. 负责外贸业务管理、协调、指导、监督工作。
2. 了解并搜集市场信息及同行业竞争对手的情况，开发新客户并与其建立业务联系。
3. 国外关系客户日常维护工作，包括对客户的询问进行解答及其他相关问题。
4. 负责所有外贸单证的制作、外汇核销以及电子口岸的网上联络工作。
5. 仔细审核订单，必要时与客户沟通联系。
6. 确保按时保质保量完成订单。

由此，威威定位自己的意向岗位是外企贸易公司的贸易专员。

乐老师听完威威的分析后没有做任何评论，而是把这个问题抛给了班上其他学员，让学员们一起分析威威是否适合外企贸易公司贸易专员这个岗位。

学员们七嘴八舌起来，纷纷为威威出谋划策：

威威掌握英语和一门小语种，外企特别适合。

威威本身就是物流专业的，与贸易公司比较有相关度。

贸易专员需要一定的谈判技巧，威威有严谨的性格和缜密的逻辑表达，可以胜任这个岗位。

威威对数字特别敏感，计算能力很强，数据分析处理能力很强，这个岗位适合他。

……

威威突然发现班上的其他学员竟然比他自己还要了解他，他与岗位的相关度竟然通过学员们的观点分享展现得越来越清晰。威威对自己的求职之路开始充满信心。

看着威威的意向岗位通过岗位匹配大会被勾勒得越来越清晰，粒粒也坚定了寻找采购专员的求职目标。

 **小结**

经过一步一步、层层递进地对意向岗位的不断确认，相信此时我们做出的职业决策都是有根有据、有迹可循的，做出的选择也将更有底气。

第二篇

求职实战篇

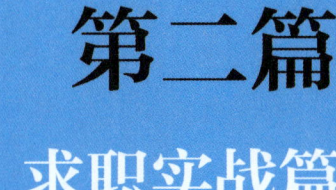

第五章　我的求职档案：谱写我的求职之路

想要实现自己的求职目标，就必须做好充分的准备。在当今这个人才竞争激烈的时代，科学合理的职业规划是我们在求职道路上迈出的第一步。

在准备阶段，我们已对个人职业选择的主观和客观因素进行了分析和测定，这一章中我们将对个人的职业倾向和测评结果进行综合分析与权衡，确定最佳的职业奋斗目标，并为实现这一目标做出行之有效的计划和安排。而这些都将被整理、记录在求职档案中。

本章所提的求职档案并不是狭义的个人信息档案，它包含了整个求职过程所需的各种信息，由准备阶段的自我分析报告、求职阶段的个人求职计划和求职过程中的自我反省与复盘总结三部分构成。职业规划是人生持续的、系统的过程，因此通过建立求职档案，我们能形成一个清晰的求职闭环，不断实现自我调整、自我提升。

第一节　自我分析报告

在准备阶段，我们一步步地审视自己、认识自己、了解自己，慢慢明晰了自己的职业价值观、职业性格、职业兴趣、职业能力，通过各种工具初步了解了自己的职业潜能，探索了感兴趣的职业方向；在此基础上我们又进行了职业分析，对自身人岗匹配性做了初步定位，通过职业访谈、企业参访等了解了家庭环境、职业环境和新就业形态；之后进一步通过岗位搜索和职业决策，明确了个人的意向岗位。整个过程犹如抽丝剥茧，使我们对自己有了更清晰的自我认知。

自我分析报告可以帮助我们全面整理准备阶段的各项分析和测评结果，再次明确个人职业优势。

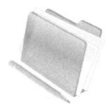

案例 14

粒粒和威威通过岗位匹配大会确立了意向岗位后，结合自身实际情况与行业环境，分别做了以下自我分析，表 5-1 是粒粒的自我分析报告，表 5-2 是威威的自我分析报告。

表 5-1　　　　　　　　　　粒粒的自我分析报告

项目	内容
意向岗位： 采购专员	1. 岗位职责 （1）负责物资采购及进度追踪，及时与供应商进行沟通，确保物资采购到位 （2）负责根据公司物资采购审批单，与供应商签订订购合同，做好对应的商务工作 （3）把关供应商，审核其资质、公司信誉、产品及服务质量等 （4）负责采购过程中的询价、比价、议价、审样、订购等工作，处理交货异常、品质异常等情况 （5）负责采购物资接收工作，并做好产品接收单据的签收、整理、汇总、存档工作 （6）协助主管做好供应商每月征询及付款工作，做好对应台账记录 2. 任职要求 （1）本科及以上学历，有相关工作经验者优先 （2）沟通和协调能力强，掌握一定的商务谈判技巧，对采购流程熟悉 （3）工作细致认真，具备较强的团队合作精神 （4）熟练运用办公软件
自我评价： 与意向岗位的匹配度	性格开朗、有活力，有较强的社交能力和团队协作精神，愿意学习新事物，勇于迎接新挑战。能够熟练进行英语听说读写，熟练运用办公软件
就业环境分析	1. 机遇 我国是全球制造业的加工厂、国际供应链体系的重要环节，近几年来国际采购巨头纷纷将中国作为自己跨国采购业的基地。采购人才是中国紧缺行业之一，采购管理人才队伍正在迅猛成长。采购模式从原先的区域性采购逐步向全球性采购迈进 2. 威胁 （1）大批外资、合资企业涌入，传统的采购人员已不能满足企业急需的具备专业知识和技能的采购人员要求。只有迅速提高采购人员的素质和技能，才能更好地应对挑战和冲击 （2）受新冠肺炎疫情影响，对产业链上下游高效协作提出更多要求，甚至需要现场勘查，供应商现场协助。在线化采购的重要性再一次被提上议程，不仅是采购提效降本的需求，更是抗风险的需要

续表

项目	内容
自我优劣势分析	1. 优势 （1）具有良好的英语水平，能够熟练进行听说读写 （2）具有较好的人际交往和沟通协调能力 （3）具有强烈的责任心和团队意识 （4）能熟练操作 Word、Excel、PPT 等办公软件 2. 劣势 （1）缺乏社会经验、工作经验 （2）对采购行业了解较少，缺乏商务谈判能力

表 5-2　　威威的自我分析报告

项目	内容
意向岗位： 贸易专员/贸易跟单员	1. 岗位职责 （1）进口采购订单的下达与跟踪，联系国外分部、货代、报关公司、海关等部门处理进口清关等事宜 （2）负责国外供应商有关交货日期、产品信息以及供货质量问题等各方面沟通协调 （3）整理及翻译产品资料，联系国外供应商准备证书等相关资料 （4）负责整理及跟踪进出口货物报关与查验资料 （5）准确归纳纳税人识别号，控制清关风险及处理相关问题，确保货物如期抵达 2. 任职要求 （1）本科及以上学历，国际贸易相关专业 （2）了解进出口业务流程，熟悉外贸进出口业务环节 （3）熟练掌握 1~2 门外语，能与国外供应商进行正常沟通和交流 （4）工作认真负责，有逻辑性和条理性，具备较强的沟通、协调能力
自我评价： 与意向岗位的匹配度	学习能力强，工作适应能力强，英语水平良好，熟练使用办公软件。能与人积极交流，做事认真负责。此外还在业余时间自学了日语，阅读、听力水平良好
就业环境分析	1. 机遇 （1）随着经济全球化进程的不断加快，跨国企业的数量不断增多，而且进出口的产品类型也日益扩大，从传统产品转变为各种服务类、技术类的高新产品。总之，贸易领域的相关人才需求巨大 （2）"一带一路"的建设为贸易投资自由化、便利化带来了机遇。很多国家寻求建立多种形式的自由贸易，这将激发各国深化贸易往来的动力，推动贸易规模不断扩大 2. 威胁 新冠肺炎疫情的暴发和持续蔓延，不仅在短期内导致全球经济下滑和国际贸易总量下挫，在中长期内也会导致国际贸易格局发生重大改变，我国外贸企业面临巨大挑战

续表

项目	内容
自我优劣势分析	1. 优势 （1）掌握英语和一门小语种，能较为熟练地表达 （2）能熟练操作 Word、Excel、PPT 等办公软件 （3）对数据敏感，做事严谨、精确 （4）有较强的逻辑分析能力 2. 劣势 （1）缺乏社会经验，贸易方面的工作经验较少，相关知识储备不足 （2）不喜欢主动与人沟通

自我分析报告一般包括以下要素：意向岗位的岗位职责和任职要求，自我评价（简短，50 字以内即可）、就业环境分析（包括机遇和威胁）和自我优劣势分析。其中，自我评价和自我优劣势分析可以参考之前所做的各项测评结果。

练习 18　书写我的自我分析报告

参照案例，根据你的各项职业测评结果及对职业环境的了解，书写一份自我分析报告。请把你的分析报告记录在求职档案 24 中。

第二节　求职计划

通过分析自身和环境因素的优劣势以及改进方向，我们能确定个人的职业发展目标，运用 SMART 原则和 PDCA 循环工具制订出短、中、长期个人求职计划，并通过"自我努力清单"和"面试复盘表"及时检验调整求职计划。求职计划是一个持续动态调整反馈的动作，贯穿于我们整个求职就业过程，需要我们及时记录、积极思考、实时更新，形成我们特有的"求职档案"，最终实现求职就业目标。

一、SMART 原则

SMART 原则可以帮助员工更加明确高效地工作，为管理者对员工实施绩效考核提供考核目标和考核标准，使考核更加科学化、规范化，保证考核的公正、公开与公平。

虽然 SMART 原则是管理工具，但是可以很好地帮助我们制订行动计划。具体来看，SMART 原则主要涉及以下五个方面：

（一）S 代表具体（specific）

即要用具体的语言清楚地说明要达成的目标或行为标准，不能笼统。

要求：求职计划的目标设置要具体化，比如要列出短、中、长期各阶段的具体求职目标、待遇水平、策略措施、完成期限以及资源要求等，这样才能清楚地看到计划需要做哪些事情，计划需要完成到什么程度。

（二）M 代表可度量（measurable）

即目标应该是明确的，而不是模糊的，应该有一组明确的数据，作为衡量是否达成目标的依据。如果制定的目标没有办法衡量，就无法判断这个目标是否实现。

要求：制订求职计划时用一个统一的、标准的、清晰的、可度量的标尺，不要使用形容词等概念模糊、无法衡量的描述。可以从数量、质量、时间、满意程度等方面来描述，比如在一个月内投出 20 份简历，根据某岗位要求需要考取某资格证书等。

（三）A 代表可实现（attainable）

即目标在付出努力的情况下可以实现，避免设立过高或过低的目标。

要求：目标能够被执行人所接受，可以制定"跳起来摘桃"的目标，不要制定"跳起来摘星星"的目标。

（四）R 代表相关性（relevant）

即实现此目标与其他目标的关联情况。如果实现了这个目标，但与其他目标完全不相关，或者相关度很低，那这个目标即使达到了，意义也不大。

要求：求职目标的设定要和岗位职责相关联。比如一个前台服务员学习英语，以便接电话的时候用得上，这时候提升英语水平和前台接电话的服务质量有关联，即学英语这一目标与提高前台工作水准这一目标直接相关。若设定的学习目标是量子力学，就跑题了，因为前台服务员学习量子力学这一目标与提高前台工作水准这一目标相关度很低。

（五）T 代表有时限（time-bound）

即目标是有时间限制的。没有时间限制的目标是难以评判完成度的。

要求：求职计划中的总目标、分目标都要设定合理的完成期限。

二、PDCA 循环

PDCA 循环在职业生涯规划中也是一个广泛应用的工具。PDCA 是现代管理学中一个基础性的概念，由美国质量统计控制之父沃特·阿曼德·休哈特（Walter A. Shewhart）提出的PDS（plan do see）演化而来，由美国质量管理专家戴明改进成为PDCA循环，又被称为戴明环。

（一）"P"：制定求职目标和计划（plan）

在全面了解自己后，弄清楚"我想干什么、我能干什么、我应该干什么"，并在众多职业中明确了意向岗位，那么接下来就到了求职计划的关键一步——确立目标。通常目标可分为短期目标、中期目标和长期目标。

（二）"D"：马上开始行动（do）

按照制订的计划，行动要落实到每天、每月、每个季度和年份。没有行动的求职计划只不过是梦想。在落实行动期间，要不断地进行分析总结，不仅要分析求职计划的具体方案，还要分析社会需求和环境变化，时刻保证计划的科学性、合理性。

（三）"C"：对求职计划的实施结果进行检查（check）

要时时查看是否达到了预定的目标。如果没有出现预期的结果，应该确认是否严格按照计划实施策略；如果按照计划实行，行动结果却失败，就意味着需要调整计划，重新选定最佳方案。

（四）"A"：检查出问题，要立刻调整方向解决问题（action）

实际上进行"A"时就需要"P"，即再次策划，想办法解决问题。于是便进入了PDCA循环。

制订计划、执行计划、检查结果、总结纠正，这是一个反复且长期的过程，所有问题不可能在一个PDCA循环中全部解决，遗留的问题会自动转入下一个PDCA循环，如此周而复始，螺旋上升，如图5-1所示。

下面将通过案例来学习如何运用SMART原则和PDCA循环完善个人求职计划。

图5-1　PDCA循环图

案例15

粒粒和威威根据上课所学的内容，分别完成了自己的个人求职计划，表5-3是粒粒的个人求职计划，表5-4是威威的个人求职计划。

表 5-3　　　　　　　　　　　　　粒粒的个人求职计划

项目	内容
一、求职计划（P）	1. 提高商务谈判能力 （1）参加相关培训或讲座学习常用谈判技巧 （2）寻找机会，多参加、观摩学习商务谈判 （3）与亲友做情景模拟，比如 30 秒电梯推销等 （4）通过多看书增加知识面，尤其是谈判领域的经典著作，每月阅读 1~2 本书并做好读书笔记 2. 多投递简历，提高面试技巧 （1）优化简历，如需要英文简历请有英语专业背景的同学帮助修改，然后请职业指导老师审阅、优化简历 （2）通过不同求职途径投递简历，如网上申请、参加招聘会、直接去中意的公司求职等，每天花 30 分钟至 1 小时用于搜索求职信息、投递简历和接收回馈信息。针对不同企业、不同岗位有侧重地调整简历 （3）与亲友做面试情景模拟，熟练运用学习到的面试技巧，并在每次模拟后做自我总结 （4）参加面试前做好功课，多了解公司背景以及求职岗位的职责和要求，面试结束后及时总结优缺点，及时改善、提升 3. 了解工作内容及场景 （1）通过不同的渠道（如企业官网、企业工商信息查询平台、论坛等）了解企业的基本情况和工作的具体内容 （2）参加面试时，通过面试官明确工作职责和具体涉及的工作场景，同时实地感受企业的工作氛围，了解工作环境 4. 了解行业 （1）通过网络、熟人、面试官等多种渠道了解采购业的发展前景，同时了解采购员的职业发展前景及薪酬水平 （2）通过企业参访、职业访谈等进一步了解采购行业的最新动态和发展趋势
二、求职实施过程（D）	（求职计划实施一个月后） 1. 提高商务谈判能力 （1）参加了一个为期 3 个月的线上商务谈判培训课程，学习并操练了常见谈判技巧，同时观摩了一些真实商务谈判的录像 （2）正在阅读谈判领域的经典著作《Getting to Yes》，有些内容较为深奥，无法理解 2. 多投递简历，提高面试技巧 （1）写了简历的英文版，并请英语专业的同学帮助修改，然后请职业指导老师帮忙优化了简历 （2）每天浏览有关网站的招聘信息，参加了 2 次招聘会，根据岗位职责调整简历，一个月内投递出约 60 份简历

续表

项目	内容
二、求职实施过程（D）	（3）参加了 2 次视频面试和 1 次现场面试，参加面试前与朋友做了情景模拟。面试结束后对面试官的问题和自我表现做了记录并及时总结 3. 了解工作内容及场景 （1）请教了从事采购行业的亲戚，了解到他的工作内容是开发五金产品的供应商，需要分析竞品、和供应商维持好关系，同时还要去仓库，需要室外工作 （2）面试中问了面试官具体的工作内容，了解到采购员既要在办公室工作，也要去工厂或商店实地了解产品信息，并且有些产品根据淡旺季的不同需求，会有不同的采购方案 4. 了解行业 （1）对从事采购行业的亲戚做了一个小采访，并参观了他所在的企业，了解到采购行业由于产品日新月异的发展，采购员需要不断学习相关知识 （2）通过面试官了解到采购员职业发展的通道比较多，可以走管理的路径，也可以升级到供应链管理
三、求职复盘（C）	1. 提高商务谈判能力 （1）通过培训课程和自学已对商务谈判有了基本的了解，能运用简单的谈判技巧与人沟通 （2）寻找亲友做模拟商务谈判较为困难，需要采取其他办法，比如争取机会观摩真实的商务谈判 （3）商务谈判类书籍过于专业，有些内容看不懂，一个月读不完一本书 2. 简历投递及面试 （1）投递简历约 60 份，参加了 2 次视频面试和 1 次现场面试，收到一个 offer，还没决定是否接受 （2）面试中有的问题不知该如何回答，自己感觉发挥得不好 3. 了解工作内容及场景 通过询问亲戚和面试官已了解具体的工作内容，可以进一步筛选出更符合个人期待的岗位 4. 了解行业 通过对亲戚的职业访谈和企业参访，对采购业有了更深入的了解，同时面试官提供了职业发展与晋升的路径，对中长期职业规划很有帮助
四、下一步行动（A），含调整计划（P）	1. 是否接受现有的 offer （1）了解并考察企业情况（如企业管理、企业在行业中的发展等） （2）分析人岗匹配度 （3）咨询职业指导老师 2. 如果不接受 offer，需要继续投递简历、提高面试技巧 （1）根据个人的职业倾向精准定位某些经营范围的企业，如日用品、化妆品、食品等

续表

项目	内容
四、下一步行动（A），含调整计划（P）	（2）优化、调整简历，通过不同渠道投递简历 （3）做好面试复盘，及时请教职业指导老师 3. 继续提高商务谈判能力 （1）继续完成培训课程 （2）寻找采购员岗位的实习机会，争取观摩真实场景的商务谈判 （3）半年内学习完谈判领域的经典书籍《Getting to Yes》《The Mind and Heart of the Negotiator》和《Genius》，遇到不懂的内容，可以请教培训班讲师等 4. 制定职业规划 （1）思考采购员的发展通道，规划自己的职业生涯，在接下来的一个月制定出短期、中期和长期的职业目标 （2）通过与面试官交流，多了解行业现状和个人发展前景

表 5-4　　　　　　　　　　　威威的个人求职计划

项目	内容
一、求职计划（P）	1. 提升沟通能力 （1）参加培训班或相关讲座 （2）多看访谈类节目，做好观察笔记；阅读提升沟通能力的书，每月阅读 1~2 本，做好读书笔记 （3）多和别人交流，并仔细倾听他人。每天与家人分享今日所见所得，每周与朋友交流各自的生活、对时事新闻的见解等 （4）在公众场合（如讲座现场、饭店、商场等）准备好合适的话题主动与人交流，每月尝试 2~4 次 2. 多投递简历，提高面试技巧（可参考粒粒案例） 3. 了解工作内容及场景（可参考粒粒案例） 4. 了解行业（可参考粒粒案例）
二、求职实施过程（D）	1. 提升沟通能力（可参考粒粒案例） 2. 多投递简历，提高面试技巧（可参考粒粒案例） 3. 了解工作内容及场景（可参考粒粒案例） 4. 了解行业（可参考粒粒案例）
三、求职复盘（C）	1. 沟通能力 （1）通过参加培训班和自我阅读学习，能够清晰地表达自己的观点，并能耐心倾听他人的意见 （2）能够与陌生人比较自然地交谈并交换看法，但神情、动作还不够自然 2. 简历投递及面试 （1）简历投递数、面试机会、是否被录用

续表

项目	内容
三、求职复盘（C）	（2）优化简历及面试中遇到的难题 3. 了解工作内容及场景 贸易专员/跟单员的工作内容以文案工作为主，比如制作进出口外贸文件，建立客户档案和业务档案并做好整理、存档工作等。同时需要负责与货运、报关、银行等相关部门联络、沟通与协调 4. 了解行业 贸易专员/跟单员的职业发展路径一般是上升为外贸管理岗位，因为通过外贸跟单，可以了解生产的整个流程，掌握进出口的各个环节，知道如何与客户沟通、协调。此外，也可以转为业务员，因为有的贸易专员也负责寻找客户、开拓业务
四、下一步行动（A），含调整计划（P）	（可参考粒粒案例） 1. 根据求职复盘删去原计划中不可行的内容，找到替换方案 2. 通过面试了解行业和工作内容，进一步明确意向岗位，缩小岗位搜索范围 3. 制定中长期职业规划

敲黑板

PDCA循环不是运行一次就结束的，而是周而复始进行的，一个循环解决一些问题，而未解决的问题则进入下一个循环，这样螺旋式上升。我们可以在求职过程中循环使用这一工具，不断改善个人求职计划。

练习19　制作我的个人求职计划

请参照上述案例，在求职档案25中制作自己的个人求职计划，然后运用SMART原则和PDCA循环分析并进一步完善你的个人求职计划。

三、自我努力清单

自我努力清单主要是通过跟踪求职行动轨迹，在回忆求职过程中将我们做得好的、有进步的行动记录下来，同时明确下一步需要努力的方向，详见表5-5。

表 5-5　　　　　　　　　　自我努力清单

日期	行动记录	为自己点赞	有待提高	下一步计划

在自我努力清单中,"日期"用于记录行为发生的具体日期,"行动记录"用于描述当天的场景,"为自己点赞"用于找到自己进步的地方,"有待提高"用于发现自己还可以做得更好的地方,"下一步计划"用于自我梳理以明确需要提升的方面。

自我努力清单可以用于记录简历制作、简历陈述、面试模拟、求职实战、面试反馈等整个求职过程,有助于我们自行察觉自身悄悄发生的改变。

四、面试复盘表

面试一般是通往职业道路的最后一关,也是求职阶段最重要的环节。在这个过程中不但需要我们清晰地表达自己,更重要的是需要同步了解企业的需求、理解岗位的意义、洞悉面试官提问的考察点,从而让企业方尽可能多地认识我们、认定我们就是岗位最合适的人。

当然,面试也是一个需要不断演练、不断总结经验的过程,因此及时做好面试复盘非常有必要。面试复盘表是一个帮助我们在面试后及时回顾面试细节、不断自我反思、总结提炼经验的工具。通过不断的复盘、及时的总结,我们可以发现自己在求职路上的成长轨迹,从而有效提高面试的成功率。面试复盘表详见表 5-6。

表 5-6　　　　　　　　　　面试复盘表

企业名称		面试职位		面试时间	
复盘内容	参考目标	自评	情况描述	还需改进的地方（可参阅"面试"模块的知识点）	
整体流程	我提前至少15分钟到达面试场所	□是　□否			
	进入企业前我整理过自己的仪容仪表	□是　□否			
	我始终保持微笑并能主动与他人打招呼	□是　□否			
	填写企业登记表时，我不需要借助其他资料	□是　□否			
面试过程	我的自我介绍突显出了我的优点	□是　□否			
	我的自我介绍突显出了我与岗位的匹配性	□是　□否			
	我能很好地理解并应答面试官的问题	□是　□否			
	我能很清晰地描述出我想了解的问题，并得到面试官的正面回答	□是　□否			
其他事宜	我在面试前对企业的信息进行过了解	□是　□否			
	我对所面试的岗位职能进行过了解	□是　□否			
	我与面试官沟通的很顺畅，双方都比较愉快	□是　□否			

续表

复盘内容	参考目标	自评	情况描述	还需改进的地方（可参阅"面试"模块的知识点）
其他事宜	我发现了一些可能造成我面试失败的细节	□是 □否		
我觉得面试成功的概率及理由		□0%　□低于50%　□高于50%　□100% 理由：		
最终的面试结果及答复时间		□毫无音讯　□被告知未通过面试　□邀请参加复试 □被告知已被录用 答复时间：		

将面试过程记录在面试复盘表中，有以下八方面作用：

1. 记录每一家面试的企业及岗位信息：用来作为之后分析岗位是否与我们匹配以及是否值得我们跟进的依据，同时也可以作为面试经验的积累。

2. 有意识地在面试中做到面试复盘表中罗列出来的参考目标：尽可能在面试后的第一时间进行记录，确保面试环节完整，以便总结经验。

3. 详细记录细节：细节决定成败，在面试中很有可能一件不起眼的小事会成为面试成败的关键，所以，尽可能详细地记录我们在面试中的表现。

4. 面试后及时回顾和学习知识点：在面试中我们有时会遇到面试现场无法回答的问题，这需要细心记下，在面试结束后立刻查找相关资料动态学习，及时弥补不足、查漏补缺。

5. 预判面试后的结果：预测面试结果，了解企业方招聘需求，学会从企业面试官的视角来审视自己的面试，理解企业方招人用人的标准。

6. 记录最终的面试结果：了解自己的分析和预测是否准确，学会从面试官身上发现企业方是否对自己满意的信号，及时做好自我调整。

7. 发现面试的困难点：如果遇到应聘同一岗位被多次拒绝的情况，而在复盘时找不出问题所在，可以寻求专业职业指导师的帮助。

8. 与专业人士一起复盘：可以邀请专业人士帮助我们一起复盘，比如企业HR或是专业职业指导师，厘清面试过程中遇到的问题，便于我们后期改善。

练习20　记录我的"自我努力清单"和"面试复盘表"

请在求职档案27中记录你的"自我努力清单",每次面试后及时在求职档案28中完成"面试复盘表"。

小结

自我分析报告、求职计划共同构成求职档案,帮助记录我们的求职历程,也帮助我们在这个过程中不断明确自己的职业发展方向,最终实现我们的职业理想。

第六章　我的求职简历：梳理我的"卖点"

 ## 第一节　简历制作

企业努力寻找的是适合本企业职位的人，求职者要懂得表达出其"适合"的能力，表达这些能力的媒介就是简历。简历是求职者向用人单位自我推荐的"名片"，其内容的好坏直接决定求职者能否进入招聘的下一个环节。将个人简历浓缩于一两张A4纸中，所以，我们经常说，职业生涯的展开始于此——Life on A4 Paper！本节我们将走入简历的世界，通过最简洁的操作指引，做出最有效果的个人简历。

一、简历的作用和基本内容

简历类似于一种个人广告，是自我推销的工具，用来展示我们的工作能力以及这些工作能力对于未来雇主的价值。简历的主要目的是帮助我们获得面试机会。好的简历虽然不会直接帮助一个人获得职位，但是会在用人单位作出招聘决策时起到积极的影响作用。

从简历的作用出发，简历应该包括的内容有个人基本信息、求职目标、教育背景、实习/实践经历、奖励情况、其他个人能力以及信息等。

（一）个人基本信息

通过这部分内容，要让招聘者能够清楚知道我们（应聘者）的姓名，在对我们感兴趣的情况下马上能够知道我们的联系方式。个人基本信息要清晰明了，主要包括：姓名（字体宜加粗）、通信地址（地址应精确，如果是英文简历，应按区域由小到大排列）、手机号码（一定是能联系得上的常用手机号码）、电子邮箱地址（稳定的邮箱，容易记忆和书写）。

（二）求职目标

求职目标的书写要尽可能详细，针对应聘的公司和岗位来书写，要能够体现我们对这个目标的热情和能力，文风要可信、诚恳和坚定。

（三）教育背景

作为即将步入职场的高校毕业生，我们应该将教育背景放在简历中最醒目的位置，按照时间逆序呈现自己的相关信息。教育背景中可以包含毕业院校、所学专业、学位获得时间（毕业时间）、主要的专业课程（如果专业与求职目标关联性强）、平均成绩、排名、语言水平、获奖情况等内容。

（四）实习/实践经历

应届高校毕业生还没有实际工作经验，所以工作经历方面的内容通常用兼职、实习经历和学生干部经历等来代替。在此，我们可以说明大学期间参与的与目标职位相关的实习/实践经历，要注意写清楚以下内容：工作时间、公司和部门名称、职位、主要工作内容和成效、个人表现（如工作态度、能力等）、收获和提高（如工作成果、参与过的培训等）。注意如实反映自己的经历，没有时间和经验上的逻辑错误，所列举的信息从最近发生的事件开始描述。

（五）奖励情况

列举奖项时一定要强调这个奖项的意义和难度，突出获奖的含金量。

（六）其他个人能力

主要是指英语和计算机能力，通过能力等级证书以及获得的专业证书、认证情况等来证明。注意所获证书要具体说明国别、证书名称等。

（七）其他个人信息

可以包括一些兴趣爱好、其他个人优势等。需要注意的是，个人爱好或强项等最好与应聘职位的任职要求有一定的相关性，否则就不必写了。

二、简历的基本类型

（一）时序型

时序型是最普遍也是最直接的简历类型，即从最近的经历开始，逆着时间顺序逐条列举个人信息。这种简历清晰、简洁，便于阅读。一份按时间顺序排列的简历应包括目的、摘要、经历和学历等内容，一般适用于以下情况：应聘者的学习/工作经历能很好地反映其相关能力的不断提高；应聘者有一段可靠的学习和工作经历表明自己在不断地调动与提升。

（二）功能型

功能型是一种不太常用但往往很有效的简历，它强调资历与能力，并对专长和优势加以一定的分析和说明。工作能力与个人专长是功能型简历的核心内容。一份功能型简历一般包括目的、成绩、能力、工作经历以及学历等内容，它一般适用于：应聘者部分工作经历及能力与求职目的无关，只想突出与应聘职务相关的内容。作为一名未踏入过职场的应届毕业生，也可以应用功能性简历，突出自己与应聘职位相契合的能力或经历。

（三）复合型

复合型是时序型和功能型的综合运用。我们可以按时间顺序列举个人信息，注意突出成绩与优势。一份复合型简历一般包括目的、概况、成绩、经历和学历等内容。复合型简历能最直接地体现求职目的，也适用于应届毕业生，既能突出个人的成就与能力，又能突出个人经历。

三、简历的撰写要领和注意事项

作为简历制作者，简历的水准能够直接反映我们的水平。在形形色色的简历中脱颖而出是一种水平，也是一种可以习得的技巧。在个人信息资源有限的情况下，做出最有效的展示，需要发挥最大的能动性。

一份合格的个人简历应该用词准确、内容完整、条理清晰、简明扼要，不能拖泥带水，也不能过于简单。简单来说，需要做到以下几点。

（一）真实可信

简历中所有的信息都应该实事求是，绝不能虚构。在撰写简历时切不可无中生有，将自己并不具备的能力或没有过的经历写在简历上；亦不能夸大其词，比如将一次普通的课程设计包装成一个正式的项目。肆意编造或夸夸其谈，即使侥幸通过了简历筛选，也很可能在面试中露馅儿，给面试官留下非常负面的印象，以至于早早出局。

（二）控制篇幅

一般情况下，建议将所有简历内容都浓缩到1~2张A4纸上。繁忙的招聘主管往往会对超过两页的简历感到不耐烦。起草简历时，初稿可以长一点，把所有的有关内容都写上，然后进行删改，仔细推敲每一部分内容、每一个词，把有用的重点内容留下来，用最简洁的语言表达出来。

（三）扬长避短，强调优势

尽量在简历上呈现出自己的特长，让用人单位发现我们的价值。针对用人单位发布的应聘岗位的任职资格，在简历中阐明自己能胜任该岗位。比如列举自己做过的有关工作，强调自己的工作能力以及所取得的成绩和证书。切忌过于谦卑，不好意思向别人陈述自己的优点和成绩。

但同时也要注意，不必在个人简历上把所有与自己有关的事情都写上去。个人简历的主要作用是让用人单位了解自己胜任某项工作的资格，所以，与之无关的、对自己不利的内容完全可以不出现在简历上。在有限的篇幅中，要强调自己针对应聘企业及岗位的优势，不要面面俱到地介绍自己各方面的情况。

（四）量身定制

一般情况下，高校毕业生会选择很多家单位的不同岗位投递简历，这些岗位对应聘者的要求必然会有一些差异。所以，不要以一份简历去投递所有的岗位，而应当根据不同的求职目标，对自己的简历做针对性的修改，有侧重地强调自己的优势。

（五）格式简单大方

简历的整体形象会影响用人单位对应聘者的第一印象。所以，简历格式要让人看起来很舒服而不必太花哨。简历的布局要合理，表现形式要简单大方，语言表达要朴素、简练，以表现出自己的诚实、办事牢靠。

（六）消灭错别字

在简历中杜绝错别字，是撰写简历最基本的要求。如果用人单位发现简历上有错别字，一般会觉得应聘者态度不够端正、做事不够认真，应聘者极有可能面临被淘汰的结果。记住，简历上的错别字对于求职者来说是致命的错误。

四、简历进阶——从普通到优秀

表 6-1 所列为普遍简历与优秀简历各部分内容的区别，图 6-1 为优秀简历模板示例，我们可以参照完善。

表 6-1　　　　　　　　普通简历与优秀简历各部分内容的区别

项目	普通简历	优秀简历
标题	"简历"或"个人简历"	姓名和应聘职位
个人信息	详细全面	简明扼要,控制在三行以内,包括联系地址、电话、电子邮箱地址
求职目标	无	有
教育背景	罗列课程名称	由近及远写自己毕业的院校,可写上 GPA(平均学分绩点)及排名
实习经历	没有详略地堆积自己参与过的实习项目	有主次之分地介绍自己参与过的实习项目,并列出 3~4 项关键事件
项目经历	没有详略地堆积自己的项目经历	选择与应聘岗位相关的项目经验
竞赛实践	不分重点地罗列参与过的竞赛	选择与应聘岗位相关或关键性竞赛做详细说明
校内/社会工作	事无巨细地书写学生会相关工作和社会实践	简洁清晰地重点写与应聘岗位相关的工作
获奖情况	简单罗列获奖信息	描述重点奖项并归纳其含金量
个人能力	没有独特之处	选择性地写自己达到一定水准的能力
性格特点或爱好	长篇罗列	选择性描述
简历篇幅	2 页甚至更多,最后一页不满一半	一整页,最多 2 页
低级错误	有拼写、语法错误,存在错别字、字体不一致等问题	没有
精确度	没有用任何数字说明,数字敏感度较低	恰当用数字说明,数字敏感度较高
排版	不讲究排版,不美观	排版讲究,美观大方
整体主观印象	杂乱无章,没有主次	精美舒畅,主次详略分明

姓名

联系电话　手机号码

电子邮箱地址

目标工作　　职位名称

相关经验

　　公司1名称　　职位名称　　　　　　　　任职时间
- 关键事件1（如：了解了……）
- 关键事件2（如：掌握了……）
- 关键事件3（如：参与了……）
- 关键事件4（如：策划了……）

　　公司2名称　　职位名称　　　　　　　　任职时间
- 关键事件1（如：完成了……）
- 关键事件2（如：创办了……）
- 关键事件3（如：增强了……）
- 关键事件4（如：获得了……）

教育背景

　　院校名称　　专业名称　　　　　　　　就学时段

主修课程

列举与应聘职位相关的课程名称

获奖情况

- 奖项1
- 奖项2
- 奖项3
- 奖项4

技能证书

- 专业技能：与应聘职位相关的技能证书
- 英语技能：英语证书+级别
- 计算机技能：计算机证书+级别，善于……可列举擅长使用的软件

兴趣爱好

可列举与应聘职位相关或有一定水准的兴趣爱好

图6-1　优秀简历模板示例

第六章 我的求职简历：梳理我的"卖点"

案例 16

在实训营中学习了"设计与制作我的简历"相关内容后，威威根据个人情况撰写了一份简历。

个人简历

姓名	威威	性别	男	贴照片处
出生年月	1997年11月	民族	汉	
学历	大专	专业	物流	
毕业院校	上海××大学	住址	上海市××区	
联系电话	136××××××××	电子邮箱	weiwei@163.com	

教育经历	
2017.9—2020.7	上海××大学 物流专业 大专
2014.9—2017.7	上海市××中学

个人简介
我认为自己是一个学习能力强的人，很多工作能够快速上手，英语水平良好，能熟练使用Word、Excel、PPT等办公软件，还会使用一些CAD之类的绘图软件，TransCAD和Vissim等相关的交通仿真软件。能在平时和同事在工作过程中积极交流，做事认真。此外还在自己的业余时间自学了日语，虽然还没有考取相关证书，但已经能轻松地观看无字幕日剧、日本综艺等节目

工作经历	
2020.7—2020.10	上海××会展有限公司 外邀客服（兼职）

个人能力		
	英语水平	CET-6
	计算机水平	熟练使用Word、Excel、PPT等办公软件，有一定的CAD绘图能力
	其他	会使用TransCAD、Vissim等交通仿真软件

通过学习简历制作的技巧，威威发现自己的简历比较普通，个人情况部分内容比较多，意义不大；而个人能力方面重点不够突出，特别是工作经历方面太过简略，没有任何出彩的经历支撑。通过小组内的交互批阅和修改，威威完善了自己的简历，修改了标题，将个人情况部分做了删改，突出求职目标，在工作经历中突出自己的相关项目经验，特别是用数字突出了关键事件，在个人能力中突出与意向岗位相关的能力。

个人简历

姓名：威威　　性别：男　　出生年月：1997 年 11 月

民族：汉族　　学历：大专

专业：物流　　毕业院校：上海××大学

手机号码：136××××××××　　电子邮箱：weiwei@163.com

户籍：上海市　　住址：上海市××区

求职意向：物流专员

贴照片处

相关经验

2020.7—2020.10　　上海××会展有限公司　　外邀客服（兼职）

◇电话邀约客户，邀请与会，每日完成 150 分钟的有效通话，累计成功邀约 250 人到场参观，邀约成功率>80%

◇与到场客户沟通，向客户推荐与本公司有合作的供应商公司，沟通能力得到很大提升

◇每日收集和录入 5~6 个有意向的买家信息，客户转化率达 60% 以上

◇标记潜在买家并定时跟踪

◇工作认真负责，得到上司与同事一致认可

教育背景

2017.9—2020.7　　上海××大学　　物流专业

主修课程：物流概论、物流规划与设计、物流英语、采购与供应管理、采购项目管理、运输管理、仓储管理、配送管理、国际物流学等

技能证书

◇英语技能：CET-6（458 分）

◇计算机技能：熟练使用 Word、Excel、PPT 等办公软件

◇会使用 CAD 绘图软件

◇会使用 TransCAD、Vissim 等交通仿真软件

个人优势

学习能力强，对待工作认真负责，业余时间自学日语，参与过日语字幕组工作，能轻松观看无字幕日剧、日本综艺节目等

再来看一下粒粒初始的个人简历：

个人简历

基本信息		
姓名：粒粒	出生年月：1998.3	英语水平：CET-6
民族：汉	毕业院校：南京××大学	贴照片处
电话：180×××××××	学历：本科	
邮箱：lili00@126.com	住址：上海市××区	

教育背景		
2016.9—2020.6	南京××大学	商务贸易

社会实践		
2017.9—2020.5	南京××大学学生会	宣传部部长

奖项荣誉
南京××大学2020年优秀毕业生
南京××大学2019年度学业一等奖学金
南京××大学2018年度学员二等奖学金

　　粒粒的简历同样存在一些问题：个人信息部分内容多了一些，但意义不大；而个人能力方面，没有展示自己过硬的专业能力；为了突出自己的英语水平，将"CET-6"放在了"基本信息"中，显得突兀。通过小组内的交互批阅和修改，粒粒完善了自己的简历，并且把简历制作得很有特色，包含了个人的关键信息、自我介绍、学习经历、实践经历和奖项荣誉等。与众不同的排版设计让人印象深刻，而包含的内容重点突出，让人一目了然，成为一份足以充分吸引HR注意的好简历。

个人简历

姓名：粒粒　　性别：女　　出生年月：1998年3月

名族：汉族　　学历：本科

专业：国际贸易　　毕业院校：南京××大学

手机号码：180××××××××　　电子邮箱：lili00@126.com

户籍：上海市　　住址：上海市××区

求职意向：采购专员

| 贴照片处 |

学习经历

2016.9—2020.6　南京××大学　商务贸易专业

概率论与数理统计　国贸专业导论　管理学　应用统计学　国际结算与单证实务
国际贸易　进出口实务　市场营销　外贸英语　外贸案例分析　管理信息系统
财务管理　企业战略管理　物流管理　市场营销调研　电子商务概论　商务谈判

实践经历

2017.9—2020.5　南京××大学　学生会　宣传部部长

负责校学生会相关活动宣传工作，带领部门成员制作宣传海报、传单、横幅等宣传资料。

多次举办校级"社区文化节""消防知识竞赛"、辩论赛等大型活动，负责统筹活动宣传、场地布置、设备安排等事项，保障活动顺利举行。各项活动得到广大同学积极响应，决赛观众均超过300人，场面热烈有序。

积极参与学生会各项活动，并及时完成学生会其他工作。表达能力、沟通能力、统筹协调能力均得到很大提升，在学生会的工作表现得到广大师生一致好评，被评为2019年度校学生会优秀干部。

奖项荣誉

2020年度　南京××大学优秀毕业生

2019年度　南京××大学学业一等奖学金

2018年度　南京××大学学员二等奖学金

相关证书

英语　　CET-6（632分），熟练掌握外贸英语口语及写作

计算机　计算机能力证书（一级），熟练掌握Word、Excel、PPT等各类办公软件

其他　　机动车驾驶证

第六章 我的求职简历：梳理我的"卖点"

自我介绍

我的专业知识完备，求学期间成绩优秀。大学期间担任校学生会宣传部部长，具有较强的抗压能力、组织协调能力和语言文字表达能力。擅长独立思考，具有钻研精神。业余爱好是旅游和摄影。

 **练习 21　准备我的个人简历**

1. 现在要准备制作个人简历了，先列出简历中包含的项目和内容。
（1）基本信息中包含的内容：_____
（2）教育背景情况：
_____
（3）在校期间的实习经历、学生干部经历或社会工作经验：
_____
（4）奖励情况：
_____
（5）其他个人能力（英语、计算机能力等）：
_____
（6）其他个人信息（值得一提的兴趣爱好、补充信息等）：
_____

2. 把以上情况整合起来，做出你的完整简历。
3. 准备毕业证书复印件等，作为简历附件。
4. 请把你的简历放入求职档案 18、档案 19、档案 20 中。

 ## 第二节　简历的投递

简历投递的目标是拓展求职渠道，以提高获得面试机会的概率。然而，如何投递简历却是一个很容易被忽略的问题。很多求职者在前面的职业规划环节做的工作比较具体，简历的准备也认真扎实，但是简历投递出去却常常"石沉大海"。可以想象，如果我们投递了相当多的简历，却一直等不到面试邀约，很可能会越投越受挫，到最后，连投递简历的热情都没有了。

其实，投递出去的简历没有回应，不一定是简历没有竞争力，还有更大的可能，就是投递简历的方式错了，没有真正让 HR "看到"。简历投递也有一定的渠道和技巧，如果能有意识地做一些准备和调整，可以有效地提高求职者获得面试的机会。

一、投递渠道

（一）求职网站

毋庸置疑，信息时代的简历投递渠道主要以网络投递为主。在各大招聘网站上，招聘信息铺天盖地，我们可以经常浏览，并及时向自己心仪的公司和职位发出申请，投递简历。常用的网站有：各级人社部门开设的网站以及常用的市场化网站，如智联招聘、前程无忧、Boss 直聘、猎聘网、新华英才、赶集直招等。除一些大型综合性人才招聘网站以外，还有各类专业行业招聘网站，如外贸物流人才网、电子半导体人才网、金融人才网等。

（二）企业宣讲会

在毕业季或者公司需要招聘大量人才的时候，很多公司会召开宣讲会。这时公司一般都会接收简历，部分公司还会做现场笔试或者初面。如果对一些公司特别感兴趣的话，可以通过各大高校的就业信息网以及公司招聘网页关注其宣讲会信息。参加宣讲会前，我们可以做一些准备，如了解公司的情况、招聘的职位及其要求等，准备好相应的简历、自我介绍等，做到有的放矢。

（三）大型招聘会

校园招聘会、社会招聘会都是"广撒网"的机会，我们应带上简历到招聘会现场，找准目标，有针对性地投递简历。

在招聘会上看到心仪的公司，不要急匆匆地把简历往招聘单位的展台上一塞了之，而是要等待机会与招聘人员沟通一下，否则，投递的简历很可能得不到任何回应。这也是一个向用人单位"推销"自己的大好机会。如果向心仪的公司投递简历的人非常多，可以先去其他公司看看，找准机会，等人少了再过来，无论如何想办法跟招聘人员聊上几句。可以了解一下公司要招聘什么岗位，询问一下岗位的主要职责和要求等，表现出自己对应聘的重视。然后简单介绍一下自己，展示自己的优势和亮点，再把简历留下。如果给招聘人员留下良好印象，也可以大大提升面试邀约率。

（四）企业网站招聘专区

多数有用人需求的大企业，在企业网站中会设有招聘专区。我们可以经常留意自己心仪企业的网站，如果有适合自己的岗位，可以通过招聘信息中留下的电子邮箱投递简历。一般情况下在企业网站上登出的招聘岗位都是比较真实的信息，更新也比较快。直接向公司投简历，比在求职网站中投简历的命中率高。

简历发出几天后，可以通过电话或电子邮件再次联系，询问HR有没有收到自己的简历，这样可以展现自己的诚意，给HR留下印象，即使不成功也至少能了解到不成功的原因所在。

（五）内部推荐

内部推荐是非常有效的求职方式，能够帮助我们相对高效快速地找到一份工作。当我们决定要找工作的时候，可以把找工作的想法分享给同学、朋友、亲戚等，让自己的"人脉"帮忙留意，他们所在的单位是否有招聘适合自己的职位。如果自己心仪的公司里有认识的师兄师姐，也可以麻烦他们帮忙。通过公司内部员工投递简历，可以提高我们受邀面试的概率。通过人脉关系递交简历，最好将求职信、简历及各种证书的复印件整理好，一起放入一个大信封中，并在信封上列出材料明细。

值得一提的是，找熟人举荐可并不是"开后门"，事实上，很多企业会鼓励内部员工向公司推荐人才，成功的还会给予推荐人奖励。这是因为通过内部推荐招人，企业可以节省人才猎头服务费用，节约用人成本；企业内部员工推荐的人才，很多都是同行或以前的同事，比较了解对方的能力和品行；求职者也可以通过推荐人了解公司的实际情况，入职后能够快速融入公司的环境中。可以说，利用内部推荐对求职者和企业是一种"双赢"的招聘方式。

二、投递技巧

（一）增加网上投递简历的刷新频率

在各大人才招聘网站投递简历时，我们如何能从众多优秀的应聘者中脱颖而出呢？其实人才招聘网站的个人简历信息是根据简历更新时间顺序排序的，也就是说最近更新的简历，往往排在靠前的位置；简历更新时间越久远，排的位置就越靠后。正常情况下，企业HR查阅网上简历时，一般不会从头翻阅到底，因此排序靠后的简历很可能会被HR忽略。所以，我们需要在招聘网站上较为频繁地更新或刷新自己的简历，以使简历的位置前移，便于HR能在第一时间看到我们的简历信息。

（二）增加投递的渠道

投递简历不要只拘泥于某一个渠道，应该充分发挥主观能动性，运用多种渠道发现求职机会，多管齐下投递简历。即便是网上投递，也可以在多个人才网站投递简历，以增加被成功邀约面试的概率。

（三）按照要求投递简历

不按照招聘广告中的要求投递简历，会给HR留下负面的印象。比如，有些企业在招聘广告中强调"请勿以附件形式投递简历"，可能是因为担心下载简历的过程中邮箱中毒或是出于便利性的考虑。如果企业有这样的要求，而求职者还用附件方式投递简历，那只能说明其没有仔细看说明，或是看了说明也没有照做，侧面反映了求职者可能不是一个认真仔细、服从安排的人。其实，面对这样的投递要求，解决的办法很简单，只要在邮件中先写一封简短的求职信，再把简历粘贴在后面即可。这样就既能凸显自己的诚意，又能让HR一目了然地看到自己的简历。

如果企业在岗位招聘广告上注明需要中英文对照的简历，必须按要求投递。切记不可只有一份中/英文简历，因为很有可能中文简历是HR用来做初步筛选的，而英文简历是呈现给相关部门领导，用来展示应聘者专业能力的。

（四）切勿忽视电子邮件的标题

如果利用电子邮件投递简历，就要注意邮件的标题。如果招聘广告中已经声明用哪种格式作为邮件标题，我们应照做，因为这是用人单位初步筛选应聘者的标准。

HR一天可能会收到几百上千份应聘不同岗位的电子邮件，如果求职者的标题只写了"应聘""求职"或"简历"等，简历被关注程度就会大大降低，很可能会被忽略，甚至被当成垃圾邮件。所以，不管招聘广告中有没有要求，最好在邮件标题中写明姓名和所要应聘的岗位，这样便于HR分门别类地筛选，避免遗漏我们的简历。

（五）保存应聘企业和岗位信息

很多求职者会忽略简历投递之后的环节，只顾着投递简历而忘记建立企业和岗位信息档案，待企业HR打电话联系面试的时候，甚至回忆不起自己应聘的是什么企业和岗位了。若是临时找不到这家企业的信息和岗位职责要求，没有提前做好目标企业和岗位的前期调查，缺乏面试前有针对性的准备工作，凭着模糊的印象去参加面试，这样面试结果恐怕就要大打折扣了。

练习 22　记录我的岗位投递信息

请在求职档案 26 中记录你的岗位投递信息，便于跟踪岗位投递信息。

第三节　求职信

求职信本质上是一种自荐信，是求职者和用人单位之间沟通的桥梁。通过求职信展现自己，实现吸引 HR 查看简历、邀约面试，是求职信的基本功能。我们有时需要通过电子邮件或者邮寄简历的方式向用人单位投递简历，在这种情况下，附上一封情真意切的求职信，比起一份孤立的简历，能大大提高印象分。

一、求职信的主要内容

求职信的主要内容应包括：求职者的基本信息，如何知道目标企业的，从哪里得知这个招聘职位的，要申请什么职位，对目标企业有多少了解，为什么要到这个企业求职，对这个招聘岗位上的什么任务感兴趣，为什么适合这个职位，对于这份工作所拥有的技能（专业方面和个人的素质）有什么等。最后，表明自己很希望得到面试机会，并注明联系方式。

需要特别注意以下 5 点：

1. 简单明了地陈述求职目的以及职位信息来源渠道。

2. 用一行简单的描述性话语介绍个人信息，如学历、毕业院校、毕业时间等。其他亮点也可用一句话阐述，描述 HR 最想看到的核心信息，如比较有含金量的能力证书、获奖奖项、实习经历等。

3. 简要说明自己适合所应聘岗位的理由，这一段是整个求职信的关键所在。在这一段中我们要告诉 HR，基于自己以前的具体表现可以胜任应聘的岗位，甚至在将来会有优异表现。首先可以研究招聘广告中的细节，了解用人单位的想法和需求。然后可以考虑采取对比法，尽可能将用人单位的需求与自己的优势做匹配，即列出招聘要求中的每一条，同时列出自己的条件以验证自己和职位的匹配度。如果招聘广告中给出的信息太少，可以尝试从其他渠道了解公司，比如微信公众号、公司官网等，使自己所展现的优势与公司文化更为契合。

4. 在结尾段落，可以用一句话恰到好处地表达对公司的历史、成就、地位、产品或领导的尊崇，同时表达自己很想加入的期待之情，谦虚诚恳，不卑不亢。可以用"希望能得到面试的机会"以及自己的联系方式（电话及电子邮箱等）结尾。

5. 结束语要记得加上敬辞以及自己的签名。

二、求职信撰写要点

（一）根据企业及岗位定制求职信

如前所述，切不可用一份简历投递所有的岗位，求职信更是如此。对于不同的岗位，求职信的差异程度甚至比简历更高，因为求职信在表达方式上比简历更为灵活，更个人化。求职信是展现亮点、诚意以及自己与目标岗位契合度的一封信，如果展现在 HR 面前的是一封万金油式的求职信，没有真情实感、没有对应聘公司的关注、没有展现能够匹配期望职位的能力，而仅仅是泛泛而谈，会使得 HR 认为这份工作对求职者而言没那么重要。因此花时间、费心思写一封为一家公司、一个岗位"量身定制"的求职信，才能突出特长，增加面试机会。

（二）恰当安排篇幅

要谨记，HR 面对的是众多的求职者，可能没有充足的时间在过于冗长的求职信和简历中"自寻亮点"，所以求职信要写得简明扼要。通常求职信只需要两到三个小段即可，只写与背景相关、符合岗位需求、最为切题的细节。

（三）充分展示亮点

求职信要力求用最短的语句，充分表达想展示的亮点，展现自己所具备的独特品质和经验，以及表明自己能够胜任这份工作，比如专业很契合、通过了某项专业考试、曾获得过重大荣誉、能如何有助于公司发展等。只有求职信里展示的亮点足够多，才会增加 HR 看简历的专注度和时间，增加面试、甚至录用的机会。

（四）注意行文与格式

写求职信时还要注意书写的格式和字体，语言表达要规范。确保无错别字，语句通顺，版面整齐，空间合理，标点符号正确，行距统一等。

比如求职信开头，如果不知道如何称呼对方，可以使用一些常用语，如"敬启者""尊敬的先生/女士"等。结尾可以加上敬辞、致谢或者祝福语。与简历不同，求职信在格式的灵活性方面给求职者留了很大的空间，虽然成功的求职信可以不拘泥于格式，但仍须注意行文的规范并表现出专业度。

三、求职信模板

求职信模板如图 6-2 所示。

> ××公司人事经理：
>
> 　　您好！
>
> 　　我是……介绍自己的姓名、学历、毕业院校、毕业时间等基本信息，我从招聘信息来源渠道得知贵公司正在招聘所应聘的岗位一职，且了解到贵公司一句话简略表达对公司的了解及向往，特写信向您自荐。
>
> 　　本段简要说明自己为什么适合所应聘的岗位，注意将自己的优势与用人单位的需求相匹配，可以包含专业、成绩、性格、实习经历等。
>
> 　　我自信符合贵公司所招聘岗位的要求，感谢您在百忙之中阅读我的简历（见附件）。
>
> 　　用一句话恰到好处地表达对公司的推崇之情我非常渴望能够得到贵公司的面试机会。如有可能，请以落款联络方式通知我。谢谢！
>
> 　　加上敬辞做结束语
>
> 　　　　　　　　　　　　　　　　　　　　落款：姓名
> 　　　　　　　　　　　　　　　　　　　　联系电话
> 　　　　　　　　　　　　　　　　　　　　电子邮箱地址

图 6-2　求职信模板

求职小贴士

如今，网络投递简历的便利性使很多求职者忽略了求职信，或者将求职信仅仅看作求职的一个简单礼节，这种看法是不对的。求职信虽然是一个简短的单方会话，但很可能是求职者和未来雇主的首次对话，在求职信里我们应做自我介绍，说明求职原因以及简历中特别的亮点或解释个别问题。一封礼貌、出色、有亮点的求职信，能给招聘单位留下良好的第一印象，为应聘加分。

 **练习 23　准备我的求职信**

1. 通过招聘网站检索自己感兴趣的企业和岗位,把相关信息填入求职档案 21 中。
2. 根据招聘要求,结合自己的情况,将你的求职信粘贴在求职档案 21 中。

第七章　我的面试准备：演练我的面试

第一节　准备面试

面试是用人单位招聘部门或人力资源部门组织的与应聘者进行面对面沟通和交流的一种招聘形式。面试的任务主要是收集信息或作出雇佣决策。

面试是求职者获得录用机会的最重要环节。走进面试室后，能否被录用也许就取决于求职者在 15~30 分钟时间里如何向坐在桌子对面的陌生人展现自己的风采。

对大多数毕业生来说，求职的主要困难通常出现在面试过程中。

一、面试程序

不同的单位对面试过程的设计会有所不同，有的单位会非常正式，有的单位则相对比较随意，总体来说，面试可以分为以下四个阶段。

第一阶段：准备阶段

准备阶段主要以一般性的社交话题进行交谈，例如，主考官会问类似"从家里来这里远不远""今天天气很好，是吗？"这样的问题，目的是使应聘者能比较自然地进入面试情景之中，以便消除应聘者紧张的心情，建立一种和谐、友善的面试氛围。我们这时不需要详细地对所问问题进行一一解答，可利用这个机会熟悉面试环境和考官。

第二阶段：引入阶段

社交话题结束后，应聘者的情绪逐渐稳定下来，开始进入第二阶段。这个阶段主要围绕应聘者的履历情况提出问题，给应聘者一次真正发言的机会。例如，主考官会问类似"请用简短的语言介绍一下你自己""在学校期间所学的主要课程有哪些""谈谈你在校期间最大的收获是什么"等问题。我们在面试前就应对类似的问题做好准备，以便能够有针对性地作答。

第三阶段：正题阶段

进入面谈的实质性正题，主要通过广泛的话题来了解应聘者不同侧面的心理特点、行为特征、能力素质等，因此，提问的范围比较广，主要是为了针对应聘者的特点获取评价信息，提问的方式也各有不同。

第四阶段：结束阶段

面试官在提问结束后，会用类似"我们的问题都问完了，请问你对我们有没有什么问题要问"的话题进入结束阶段。这时我们可提出一些自己想了解的问题，但不要问类似"请问你们这个职位的薪水是多少"的问题。

二、面试前的准备

面试的目的是让面试官充分、深入地了解应聘者，以决定其是否属于合适人选。因此，我们必须充分认识自己，并能清晰地回答面试官提出的相关问题，表达自己的价值观和看法。如果我们表现出对自己的能力、个性及就业倾向等认识不足，会大大影响面试官对我们的评价。为了求职成功，面试前我们必须做好充分的准备，主要包括以下三个方面。

（一）充分了解应聘公司和岗位

知己知彼，百战不殆。求职者要主动查阅用人单位的有关资料和信息，不仅要了解应聘岗位的工作职责、任职资格、工作方式、在企业组织架构中的位置、在企业中的发展空间、工资福利待遇等，还要了解用人单位的组织文化、发展动态和行业地位，后者往往会被应聘者忽略但却常常是面试官判断应聘者是否做过充分准备的主要依据。掌握越多越详细的信息，我们在面试时就越能够有备无患、从容应对，对应聘企业的充分了解也足以显示出我们对该企业的向往。但是，在面试时千万不要故意卖弄，而要自然而然地流露。

从另一个方面来说，原则上招聘单位应该向应聘者解释清楚本单位的情况，但现实中有些单位并不会主动向应聘者做详细介绍，这就需要求职者自己用心去了解有关信息，以便做出较为正确的应聘决定。

（二）提炼自己的能力清单

工欲善其事，必先利其器。对于高校毕业生而言，这个"器"就是指个人能力、专业特长、实习经历和成绩等。我们要弄清自己要找的目标岗位所必需的技能，在面试时能充分证明自己拥有这些技能，并可以胜任该岗位。最好能够主动列举出一些能说明自己的能力与岗位需求相匹配的实例，将更具说服力。

（三）打好自我介绍的腹稿并进行预演

面试前，为了克服紧张心理和表达障碍，准备自我介绍的腹稿很有必要。以求职为目的的自我介绍可以包含以下基本内容：个人自然情况、专业知识和学术背景、既往所取得的成绩、对目标岗位的认识、与目标岗位匹配的理由、特殊的才能或才艺等。准备好腹稿后，我们可以对着镜子练习，练习时注意自己的语速、表情，直到表达流利、自然。面试时我们可以根据面试官的提问及当时的实际情况适当做出调整。

三、面试技巧

为了使自己能够在激烈的面试竞争中脱颖而出，除了要做好充分的面试准备之外，还需要掌握一些必要的面试技巧。

（一）适时主动阐明优点

对于应聘者而言，面试的核心目的是向对方"推销"自己，所以，如何适时适度地把自己的能力、潜能展示出来，是非常重要的。首先，面试时谈到自己的经历，应尽量与所应聘岗位的某些要求相联系。可以从以往的经历中找出合乎应聘单位要求的方面，进行重点叙述，把自己的优点与长处表现出来。其次，找出自己真正的优点，并大胆地向面试官阐述。如果面试官提出"请谈谈你的优点吧"，千万不可畏畏缩缩，如果在这个时候过分谦虚，说不出自己的优点，多半会被认为缺乏自信心及自我分析能力，增加被淘汰的可能性。

（二）应对面试官的语言艺术

在求职中如何说服面试官，使其对自己感兴趣，并进而愿意录用自己呢？在与面试官交谈时，我们应当表现出自己是一个随和健谈、易于结交的人，以拉近自己与面试官之间的距离，使交谈氛围热情和愉快。

1. 口齿清晰，语言流利，文雅大方。在与面试官交谈时要注意发音准确，吐字清晰，还要注意控制说话的速度，以免磕磕绊绊，影响语言的流畅。为了增添语言的魅力，应注意修辞，忌用口头禅，更不能用不文明的语言。

2. 语气平和，语调恰当，音量适中，控制节奏。面试时要注意语言、语调、语速、语气的正确运用。自我介绍和回答提问时，最好多用平缓的陈述语气，不宜使用感叹语气或祈使句。音量的大小要根据面试现场情况而定，两人面谈且距离较近时声音不宜过大，群体面试而且场地开阔时声音不宜过小，以每个面试官都能听清自己讲话为原则。一般来说，人精神紧张的时候讲话速度会不自觉地加快，讲话速度过快，既不利于对方听清讲话内容，又会给人一种慌张的感觉。因此，面试应答时若感到紧张先不要急于讲话，暗暗做好深呼吸后再从容应答。开始时可以有意识地放慢讲话速度，等自己进入状态后再适当增加语气和语速。这样既可以稳定自己的紧张情绪，避免思维混乱，又可以扭转面试的沉闷气氛。

3. 把握重点，简洁明了，条理清晰，有理有据。一般情况下，回答面试官的问题要先将自己的中心意思表达清楚，然后再做叙述和论证。面试时间有限，尽量不说多余的话，不要走题，长篇大论反而会让人不得要领。与之相反地，过于简单和抽象的回答也是应该避免的。应针对所提问题的不同，对问题进行适当展开，有的需要解释原因，有的需要说明程度，这样才能给面试官留下具体的印象。

4. 有个人见解和特色。面试官有时接待若干名应聘者，相同的问题问了若干遍，类似的回答也听了若干遍，难免会感到乏味、枯燥。只有具有独到见解和个人特色的回答，才可能引起对方的兴趣和注意。

5. 语言要含蓄、机智、幽默。说话时除了要表达清晰，也可以在适当的时候运用幽默的语言，使谈话更加轻松愉快，同时展示自己的从容风度。尤其是当遇到难以回答的问题时，机智幽默的语言会显示自己的聪明智慧，有助于化险为夷，并给人以良好的印象。

（三）解读面试官的身体语言

从心理学的观点看，人们的身体语言会传播出某些重要信息。与面试官谈话时，应随时注意面试官的反应，某些身体语言会暗示出对方的心理活动。

1. 面试官心不在焉甚至不耐烦时，可能会做些漫无目的的动作，我们发现这一现象时，应该设法转移话题，改变现状。

2. 面试官的目光不正对我们而是左顾右盼时，表示对方对我们的回答不太感兴趣，此时不应再滔滔不绝，而应该马上总结谈话，转而让面试官向我们发问。

3. 面试官侧耳倾听，可能说明我们音量过小而使对方难以听清，此时应该加大音量。面试官皱眉、摆头可能表示我们言语有不当之处，应立即结束这一话题。

根据面试官的反应，我们要适时调整自己的语言、语调、语气、音量、修辞以及陈述的内容，这样才能取得良好的面试效果。

（四）掌握意外情况下的回答诀窍

面试中免不了会出现一些难以预料的情况，如说错话、问题太难，甚至涉及自己隐私等，这时候说话更宜讲究技巧。

1. 对于偶尔发生的错误不必耿耿于怀。面试中说错话是不可避免的，心里不要总想着这件事，应该继续专注于回答问题，以免影响之后的表现。最终能否被录用并不取决于自己在面试中是否犯了小过错。

2. 在无法抓住问题核心时，应确认提问内容，切忌答非所问。面试中，如果对面试官提出的问题一时摸不着边际，以致不知从何答起或难以理解对方问题的含义时，可将问题复述一遍，并先谈自己对这一问题的理解，请对方确认内容。对不太明确的问题，一定要先搞清楚，这样才能有的放矢，不至于所答非所问。

3. 知之为知之，不知为不知。面试遇到自己不知、不懂、不会的问题时，要果断地说"不知道"。回避闪烁、默不作声、牵强附会、不懂装懂的做法均不可取，诚恳坦率地承认自己的不足之处，不但不会影响面试官对自己的印象，反而会赢得其信任和好感。

4. 遇到涉及个人隐私的问题时，不必生气，应该保持沉着冷静，避开问题，用委婉的语言拒绝回答，如："这是我个人隐私，我暂时不便回答。"

（五）注意面试中的良好仪表和行为举止

1. 守时。一般情况下，用人单位会采取电话通知面试的方式。接到电话时要仔细倾听，明确面试三要素：时间、地点和联系人。如果没听清，一定要问明白，最好能做好记录。一定要牢记面试的时间和地点，最好提前查阅好交通信息，以免因一时找不到地址或途中延误而迟到。面试当天，提前10~15分钟到达面试地点较为妥当，以展现作为求职者的诚意，给对方以信任感；同时也可利用时间的提前量，熟悉一下环境，调整自己的心态，做一些简单的仪表准备，以免仓促上阵、手忙脚乱。如果面试迟到，肯定会给面试官留下不好的印象，甚至会丧失面试的机会，永远与这家企业失之交臂。

2. 穿着得当。无论男生还是女生，求职面试时着装都应该以精干、得体为主。

男生穿戴不必很时尚，只要整洁大方，颜色沉稳，搭配合理；发型以清爽干净为宜，样式不要太过花哨，否则会给人不职业的感觉，不够庄重。切不可给面试官留下轻浮、急躁的印象。

女生穿着应合体、体现职业感，切忌穿着紧身、暴露的衣服；发型以清爽干净为宜，不要做太过于前卫的造型。化妆要淡而美，不可浓妆艳抹；首饰尽量少戴，更不能佩戴过于夸张的饰品；指甲应修剪好，千万不要留长指甲，不要涂艳丽的指甲油。

优雅而自信的装束，会给面试官留下良好的印象。

3. 良好仪表和行为举止。来到面试地点后，我们要表现出良好的仪表仪态。招聘企业对应聘者的考察往往贯穿于面试全过程。

进入招聘企业后，对接待人员要态度和蔼；在等候面试时可以阅读或者在心中默默准备，但不要吸烟或嚼口香糖，更不能大声说话。

把握进门时机进入面试场所，如果门关着，应先敲门，得到允许后再进入。开关门动作要轻，以从容、自然为好。进门时不要紧张，应主动热情地向面试官问好致意，称呼应当得体。可使用"您好"等礼貌用语，营造出友好和谐的气氛。

若无面试官的邀请，切勿急于落座；被邀请坐下时，应道声"谢谢"。坐下后保持良好体态，切勿弯腰弓背、摇摆小腿、左顾右盼等，以免引起面试官反感。不要把随身携带的皮包、物品等压在桌子上。如果面试官询问喝什么，一定要明确回答，这样会显得有主见。

对面试官的问题要逐一回答。对方介绍情况或提出问题时，要认真聆听。为了表示自己已听懂并感兴趣，可以在适当的时候点头或适当提问、答话。一般情况下不要打断面试官的问话或抢问抢答，否则会给人急躁、鲁莽、不礼貌的印象。面试官问话完毕，听不懂时可要求其重复。回答面试官的问题，口齿要清晰，声音要适度，答话要简练、完整。当不能回答某一问题时，应如实告诉面试官，含糊其词和胡吹乱侃并不是好的策略。对重复的问题也要有耐心，不要表现出不耐烦。激动地与面试官争辩某个问题是不明智的举动，冷静地保持不卑不亢的风度才是有益的。另外，我们要表示对面试官的尊重，在回答完每个问题后说一句"谢谢"，有礼貌的求职者更受企业青睐。

不要在面试官结束谈话前表现出浮躁不安、急欲离去的样子。面试结束，离去时应感谢面试官给予应试的机会，微笑起立，道谢并说"再见"，将椅子归位后礼貌离开。

总之，在整个面试过程中，我们应保持举止文雅大方，谈吐谦虚谨慎，态度积极热情，始终保持真诚微笑、彬彬有礼、自信阳光。

4. 形体语言

（1）眼神的交流。面试官讲话时，我们的目光要适时注视对方。不要东张西望，显得漫不经心，也不要眼皮低望，显得缺乏自信。但要注意不是目光呆滞地盯着对方看，这样会使人感到很不舒服。我们可以将目光对准面试官的额头或嘴巴，给对方以诚恳、自信的印象。面对多位面试官时，我们回答谁的问题，目光就应注视谁，并应适时地环顾其他面试官以表示尊重。

（2）手势。说话时手势不宜太多，太多的手势会分散别人的注意力；手不要发出声响；不要玩纸、笔等；不要乱摸头发、胡子、耳朵等，这样会显得紧张又不专心；不要用手捂嘴说话，这也是一种紧张的表现。

（3）坐姿。坐在座位上身体要略向前倾，不要靠在椅背上，也不要坐满，一般以坐在椅子的三分之二处为宜。另外，女士应并拢双腿，显得端庄得体。

第二节　模拟面试

学习面试技巧后，我们就要在模拟面试中运用这些技巧了。面试是一个需要在反复演练中不断发现不足、自我改善、总结提升的过程。我们要通过不断模拟演练来体验真实面试的全过程。

一、模拟面试的方法

（一）由企业 HR 或专业职业指导师扮演面试官

企业 HR 或专业职业指导师扮演面试官有三个优势：一是他们本身就经历过真实的面试过程，知道企业需要考察应聘者哪些方面，可以高度还原真实的面试现场；二是他们对企业面试流程非常熟悉，能如实反映出应聘者面试中经常出现的问题，切中问题实质；三是通常在面试结束后，他们的直观反馈往往就是我们真实存在的问题，便于我们及时梳理和改进。

不过因为无法确认最终遇到的面试官属于哪种风格，是逻辑严谨型还是激情洋溢型，是滔滔不绝型还是惜字如金型，因此有条件的话，求职者可以尽量多与几个面试官演练，以便了解各种面试风格，也能知道我们的面试技巧还需要从哪些方面提升。

（二）由同伴来扮演面试官

这种方式能让我们通过角色扮演了解到在面试官眼里的应聘者应如何表现。我们可以和同伴交换角色来演练，以便觉察到自身哪些地方做得不足，取长补短。

另外，从面试官的角度进一步思考，可以更好地理解企业招人标准为何如此设置，在简历呈现及陈述方面应该如何更好地展现自己与岗位的贴合度。

二、模拟面试的工具

（一）拍摄视频记录面试全过程

最好准备两台设备将整个模拟面试过程拍摄下来，一台对着面试官，一台对着求职者。这样可以了解整个面试过程中我们不太注意的小细节，如手怎么放、说话的时候是否不自觉地手舞足蹈、讲话中是否有口头禅、说话的逻辑是否有问题等，这些小细节在镜头下会被放大，帮助我们找到问题所在，以便及时改正。

（二）使用录音笔记录面试全过程

录音笔也是一种用来记录应聘者表现的很好的设备。用录音笔将整个面试过程记录下来，能帮助我们发现语速过快、语调单一、说话没重点等一些常见的问题，这些问题在短短的面试过程中会特别显眼地暴露出来。

练习24　记录我的模拟面试

请与你的同伴以及讲师进行模拟面试，并用摄像机或录音笔记录全过程。与你的"面试官"一起梳理你面试过程中存在的问题。请把你的模拟面试过程记录在求职档案22中。

小结

当我们习惯镜头前的自己、知道如何运用声音时，我们也会变得越来越自信，可以从容地面对各种面试了。

第三节　企业甄别

在面试环节中，企业甄别也是很重要的部分，我们需要识别各种"坑"，确保求职之路的顺畅。我们可以从以下几个方面考察企业的真实性。

一、通过企业信用系统甄别

我们可以通过"国家企业信用信息公示系统"进行查询。目前，在企查查、天眼查等网站中也可以查询到现存企业的建立发展情况。输入公司名称后，可以查询到公司的规模大小、是否注册、成立日期等信息基本。一般来说，可以通过观察注册资金的大小估算公司的规模，规模越大的公司，今后我们能得到系统培训与发展的机会就越多，福利各方面也会相对齐全，对未来职业发展是个保障。

二、通过面试过程甄别

在被通知面试时我们要留心，如果被安排在非常规的时间去面试，或去一些很偏僻的地方面试，我们需要追问面试通知人，收集更多信息后再做判断。

此外，面试中如出现让我们付钱、扣押证件等情况，一定要留心，不要随意把个人信息、私人物件交给对方。切忌存在侥幸心理。

三、通过人际网络甄别

有关公司的信息情况，我们可以利用人际网络加以甄别，如直接向面试官了解，找身边熟悉的企业HR、亲朋好友了解或者寻求专业职业指导师的帮助，从多方位了解公司的整体运营情况和行业内发展情况。

四、通过网络评价甄别

我们也可以通过一些网络评价进行企业甄别，如职友集、看准网、领英等求职招聘网站，查看曾经或者现在还在这家公司工作的人对公司的评价。很多小公司在面试时给出的条件都很好，但是入职后却没有兑现当初的承诺。我们可以从这些评价中看出端倪，作为是否接受岗位的判断依据。

五、通过劳动合同条款甄别

在面试成功准备入职阶段，我们可以要求公司提前准备好劳动合同，确认具体条款内容，保障我们入职后的权益不受侵害，比如工作时长、休息休假规则、规章制度等是否完善，都可以作为企业甄别的佐证。

 **小结**

　　企业甄别在面试过程中非常重要，做好企业甄别可以帮助我们减少接触到不良企业的概率，有效提高求职成功率。这也属于求职的必修课。

第八章 我的专属路演：提升我的职场能力

 ## 第一节 路演的组织策划

路演是指通过现场演示的方法引起目标人群的关注，使他们产生兴趣，最终达成推介目的，是在公共场所进行演说、演示产品、推介理念，向他人推广自己的公司、团体、产品和想法的一种方式。

求职过程本质上就是自我营销的过程，也是通过简历、面试以及自身的举止、礼仪等向用人单位展现自我形象和职业能力优势的过程。从这个意义上说，运作一场我们的专属路演非常重要，有利于锻炼我们的职场综合能力。

经过实训营循序渐进的培训，我们最终将组织一场路演作为实训营项目的成果呈现。在此项活动中，学员们既是路演的组织与策划者，也是向企业自荐的求职者，通过路演，可以将学员们在实训营中所学到的知识和能力得到充分地运用，真正实现真实沉浸式体验职场的目的。

想要举办一场成功的路演，必须从路演策划筹备开始。一般来说，路演的组织策划主要会用到两个实用工具：职责分工表和路演甘特图。

一、职责分工表

实训营中的路演将由学员组成的人力资源部、行政部、市场部三个部门分工进行，依照整个路演的时间顺序展开，即前期准备、路演现场及路演收尾三个阶段。

职责分工表对于路演策划的作用在于：

1. 明确各项任务的执行人，确保工作进度。
2. 了解紧前活动，便于后续工作的准备与推进。
3. 预估项目完工时间，倒推准备时间。
4. 细化部门任务内容，完善工作流程与细节。

路演职责分工表样式见表8-1。

表 8-1　　　　　　　　　路演职责分工表样式

部门：		部长：		组员：		
编号	任务	工作	紧前活动/任务	执行人	预计时长（分钟）	备注

二、路演甘特图

路演甘特图是用于跟进路演各个环节进度的工具，用来确保路演实施的各项任务落实到位。

路演甘特图的具体用途有以下两个：

1. 配合职责分工表使用，推进每个任务的进度。

2. 确认资源的合理分配及使用，平衡每个环节的人员和资源配置。

路演甘特图样式可以参考表 8-2。

表 8-2 路演甘特图样式

编号	任务内容	紧前活动/任务	具体日期					备注

备注：部门每位成员选择一个代表自身的颜色，如同一项工作由两人协作完成，可在"设置单元格格式—图案—填充效果"中设置，如超过两人可在甘特图中设计其他颜色进行标识，并在备注中记录。

第二节　职场工作能力培养

能力有一般能力和特殊能力之分，虽然不同的职业岗位要求具备一些特殊的专业能力，但有些一般能力是职场通用的。职场通用能力比较多，这里将重点介绍路演筹备过程中需要具备的几种重要的通用能力，这些能力也是职场中重要的通用能力。

一、团队协作

让我们先来看一个故事吧！

恐怖的蚂蚁军团

在非洲的草原上如果见到羚羊在奔逃，那一定是狮子来了；如果见到狮子在躲避，那就是象群发怒了；如果见到成百上千的狮子和大象集体逃命的壮观景象，那是什么来了呢？——是蚂蚁军团来了！

原来，小小的蚂蚁在遇到野火燃烧时，就会抱成一团，组成一个巨大的"黑球"飞速滚动以逃离火海，虽然最外层的蚂蚁会被烧焦，但正是这种抱成团的合作，正是这外层个体的牺牲，才换得了一个家族的生存与繁衍。

从这个古老的寓言故事中我们可以得到这样的启示：看似弱小无力的个体，只要团结到一起，就能变得强大。

但是，人多力量就一定会大吗？我们常说"三个和尚没喝水"，如果在团队合作中各成员独自作战或互相推诿、排斥配合，那么"1+1"不仅不能大于2，反而会小于2。

（一）什么是团队协作能力

所谓团队协作能力，是指建立在团队的基础之上，发挥团队精神、互补互助以达到团队最大工作效率的能力。团队的成员不仅要有个人能力，更需要有在不同的位置上各尽所能、与其他成员协调合作的能力。

团队精神的核心实际上就是合作的精神。有合作便有分工，分工协作能发挥整体效能，提高工作效率。因此，高效的团队工作来自成员之间的默契协作。团队成员必须清楚其他人扮演的角色，了解如何相互弥补不足，发挥优势。

（二）团队角色理论

团队角色理论也称贝尔宾团队角色理论，是由英国团队管理专家梅雷迪思·贝尔宾（Meredith R. Belbin）提出的，它的基本思想是：没有完美的个人，只有完美的团队。

即使是一个小团队，也会有不同角色的人一起共事，这时候成员之间的工作怎么协调才能更有效率，就显得尤为重要了。只有明确团队角色，才能确保团队成员发挥出最大的优势。团队角色理论认为一支结构合理的团队应该由九种团队角色组成，如图8-1所示。

"思考型"团队角色　　　　　　　　　"行动型"团队角色

智多星　充满创意，富有想象力，不会墨守成规，善于解决疑难问题。

执行者　严于自律，可堪信赖，惯于谨慎稳重。能够采取实际步骤和行动。

审议员　深思熟虑，精于谋略，辨识力强。周详考虑选项，判断准确。

完成者　勤勉苦干，忠诚尽责，渴求完美。善于发现错漏，能够准时把事情办妥。

专业师　专心致志，主动自觉，全情投入。能够提供不易掌握的专门知识和技能。

鞭策者　善于推动，充满活力，能够承受压力。具备克服障碍的驱动力和勇气。

"社交型"团队角色

协调者　成熟、自信，能够澄清目标，凝聚众人，促进团队沟通。

凝聚者　衷诚合作，态度温和，感觉敏锐，待人圆滑。能够聆听及采纳意见，避免摩擦。

外交家　外向、热诚，善于沟通。能够探索新机会，开拓对外联系。

图8-1　团队角色图

一支成功的团队要包括这九种角色,并不意味着团队一定要包括九个人。这九种角色与团队的规模无关,一个人可以同时扮演多种角色,一个团队随着工作项目发展阶段的推进,某些角色的优先度也会发生变化。

西游记团队一直被认为是团队建设的典范,那么先来看看在这样一个模范团队中,角色分工是什么样的。在西游记团队中,唐僧扮演了鞭策者、凝聚者和完成者的角色,唐僧将孙悟空、猪八戒、沙和尚和白龙马凝聚在一起,到西天去取经,尽管路途遥远、历尽磨难,但他始终坚持不放弃,不达目的不罢休,并且在过程中不断地鼓励、鞭策大家;孙悟空承担了执行者、智多星和专业师的角色,他最聪明、点子最多,而且法力高强,降妖除怪总是冲在第一线;猪八戒充当了协调者、审议员和外交家的角色,尽管他自身专业能力有限,但却是不可或缺的成员,经常要去协调师徒之间、师兄弟之间的关系,而且要去探探路、找点吃的,还喜欢发表自己的意见、品头论足一番;沙和尚和白龙马都是典型的执行者,只管埋头干活。

依据团队角色理论,团队领导者要做的是确保每个团队成员都处在一个最有机会发挥其个人优势的岗位上,并根据团队目标,定期对成员的团队角色进行评估,有必要的话可以调整分工,以确保团队的均衡发展。

二、时间管理

练习25　时间切割

请准备一张纸条,从左至右分成十等份,代表人的生命0~100岁(每份代表生命中的10年,用笔在纸上分别写上10、20等字样,最左边的空余部分写上"生"字,最右边空余部分写上"死"字)。

然后请按要求做:

1. 请问你现在的年龄是多少?(把相应的部分从前面撕去,代表过去的生命再也不会回来了,请撕得干净些)

2. 请问你想活到多少岁?(假如不到100岁,就把后面的部分撕掉)

3. 请问你想多少岁退休?(请把退休以后的部分从后面撕下来,不要撕碎,放在桌子上,剩下的部分就是你可以用来工作的时间)

4. 请问一天中的24小时你会如何分配?

一般人睡觉时间8个小时,占了约三分之一;吃饭、休息、聊天、上网、打游戏的时间8小时,又占了约三分之一;工作有生产力的时间8个小时,占三分之一。

所以,请把剩下的部分折成三等份,然后撕下两份,放在桌子上。

5. 比比看:

请用左手拿起剩下的那一份,用右手拿起退休后的那一部分和刚才撕下的两份,比一比,你要用左手上的"时间"工作赚钱,满足右手上的娱乐、休息及退休后的生活需要。

6. 想一想:

你要赚多少钱、存多少钱才能养活自己,而这还不包括给子女和父母的那部分。

7. 请问你会如何看待你的未来?

按要求做完这个游戏后,你有什么感想?

这个练习能够帮助我们了解自己对人生的时间分配,也重新认知了时间的价值。在工作中,不论是独自完成任务,还是与人协同合作,只有提前制订好计划,做好时间管理,才能合理利用时间,高效实现目标。

(一)什么是时间管理

时间管理是指通过事先规划和运用一定的技巧、方法与工具实现对时间的灵活管理以及有效运用,从而实现个人或组织既定目标的过程。

(二)时间管理四象限法则

时间管理四象限法则是美国管理学家史蒂芬·科维(Stephen R. Covey)提出的一个时间管理的理论,他把工作按照重要和紧急两个不同的程度划分到四个象限,即重要且紧急的事情、重要但不紧急的事情、紧急但不重要的事情和不重要且不紧急的事情,如图8-2所示。

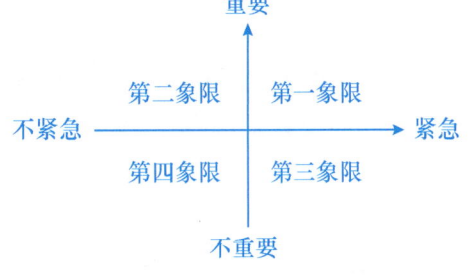

图 8-2 时间管理四象限图

第一象限:重要且紧急的事情。比如紧急的会议、今天必须完成的工作、临时出现的危机。面对第一象限的事情,我们应该立即去做,因为如果不马上把它们处理好,可能会造成严重的后果。

第二象限:重要但不紧急的事情。比如自我能力的提升、发掘新的机会、人际关系的建立等。虽然这个象限的事情不紧急,但是会对我们的生活和工作产生重大的影响。面对第二象限的事情,我们应该有计划地去做。如果平时没有计划地去做重要但不紧急的事情，结果就会导致这些事情变得紧急。

第三象限：紧急但不重要的事情。比如频繁地回复消息、做无关紧要的事。面对第四象限的事情，我们应该尽量让别人去做。比如同事让我帮一个忙，对他来说，这是一件重要且紧急的事情，而对我来说，却是不重要且紧急的事情，那我就可以拒绝他，让他自己做。

第四象限：不重要且不紧急的事情。比如刷剧、聊八卦。面对第三象限的事情，我们应该尽量不做。当然为了放松，可以适当地做一做，但要注意用碎片和低效时间去做这些事情。

如果这件不重要且紧急的事情只能自己做，怎么办呢？这时候我们就可以利用碎片时间、低效时间去完成它，而将效率高的时间用于完成重要工作。

总的来说，我们首先应该处理好重要且紧急的事情，然后有计划地去做重要不紧急的事情，把紧急但不重要的事情交给别人去做，并且尽量不做不重要不紧急的事情。

（三）甘特图（Gantt chart）

学会用时间管理四象限法则按照重要和紧急两个属性给不同工作任务分类后，我们可以使用甘特图来计划各项任务的完成节点，并记录任务的完成情况。

甘特图又称横道图，是将任务与时间联系起来的一种图表形式，能够清晰直观地表明任务计划在什么时候进行，及实际进展与计划要求的对比，管理者由此可弄清楚还剩下哪些任务要做，并能评估工作进度。甘特图基本是一个线条图，横轴表示时间，纵轴表示任务，线条表示在整个任务开展期间的计划和实际完成情况，如图 8-3 所示。

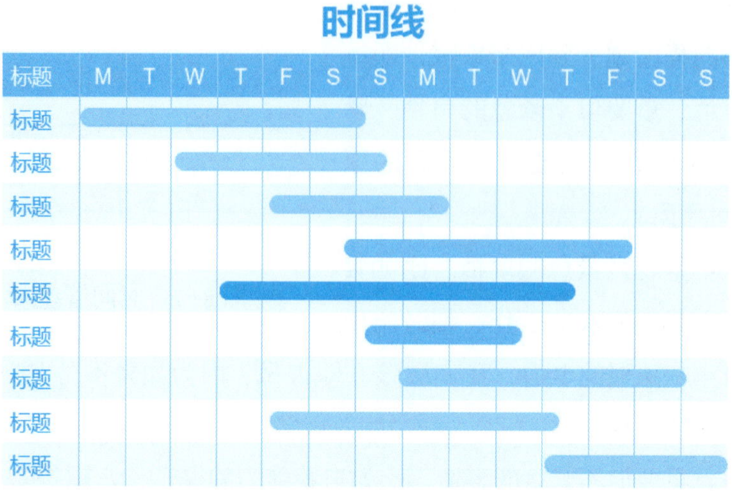

图 8-3　甘特图

小结

团队协作包含分工、合作和监督三个要素。一个良好的团队，需要团员明确自己和他人在团队中的角色，时刻保持团队意识。团队可以通过甘特图制订项目计划，对项目进行分解，将任务分配给成员，同时明确每个成员的任务和完成时间。这样整个项目的规划就形成了闭环，而团队成员也能相互配合，有序、高效地完成目标。

三、工作汇报

（一）工作汇报的含义和形式

身在职场，工作汇报是必不可少的一个部分，同时也是工作能力的一个重要体现。我们在准备专属路演的过程中，各部门担任不同的职能，各成员肩负不同的任务，因此各部门成员要定期向部长汇报工作进度，反映工作难点等，必要时部门内还需召开会议共同听取工作开展情况，讨论遇到的困难并提出解决方案，商议下一步任务。而各部门间任务互有交叉，也需要随时交流，以便更好地协同完成任务。

工作汇报是通过一定的形式将个人或团队某一特定阶段工作的开展情况向上级进行反映和表述，以便上级指导或帮助解决问题的一种方法。

传统的汇报形式一般分为口头汇报和书面汇报。随着科技的进步，汇报媒介日趋多样，口头汇报除了当面汇报，还能通过各种社交软件做线上汇报；书面汇报除了采用纸质版方式，还能利用电子邮件或多媒体文件（如Excel、PPT）。

（二）工作汇报的核心：逻辑表达

万变不离其宗，工作汇报归根结底是一种信息传达，是语言表达。有的人汇报工作，运用PPT讲了大半天，听的人却不知道他在讲什么；有的人向领导请教问题，说了一大段话，领导却全然不知道他具体想问什么。如何把信息全面、简明、有组织地传递给对方，让人一听就懂呢？这就需要我们的表达符合逻辑。逻辑是构建表达的脉络。在这个脉络的支撑下，我们才能够有序地把想表达的内容系统地说出来。

（三）工作汇报逻辑表达的要点

1. 结论先行。在表达观点的时候，要优先说出我们的结论。这和我们的大脑运作方式有关。如果大脑提前知道了这个结论，那么，大脑就会自动地把接下来听到的各种信息都归纳到这个结论下，主动地去建立这些信息之间的联系。反之，大脑如果没有提前知道这个结论，而是直接接收到一大堆的论据和信息，那它就会很困惑：这一大堆信息之间有什么关系？这些信息到底要说明什么问题？这样，大脑就需要去寻求这些信息间的关联，这个过程会比较费劲，理解起来也会比较困难。

在职场表达中，先说结果尤其重要。

案例 17

下面是粒粒和威威在实训营期间准备路演时对部长的汇报。

粒粒：部长，人事部的小李说他明天不能参加下午3点的会议了；市场部的小王说他不介意晚点开会，明天开也可以，但是明天10点半以前没有时间；而行政部的小马说他明天上午要出去采购产品，晚些时候才能赶回实训营，而且明天的会议室已经有人预订了，不过周四的会议室还没有人预订，所以我们会议的时间定在周四上午11点比较合适，您看行吗？

威威：部长，您看原来定在今天的会议改在周四上午11点开可以吗？因为今天的时间，市场部小刘没办法参加，而其他人能配合的时间只有这周四了，而且这周只有周四的会议室还没有被预订。所以，您看会议时间改到周四上午11点，可以吗？

如果你是老板，你是否愿意听完粒粒的汇报？即便是听完了，又会是什么反应？下次你还想听粒粒汇报工作吗？听过威威的汇报之后呢？你又有什么感觉？

显然威威的汇报清晰多了，为什么？因为他的表达更符合结论先行的逻辑。而这个逻辑顺序就是先"表明观点"，再"归纳分类""举例说明"，这就是表达的逻辑。

2. 归纳分类，逻辑递进。比如在案例17中，粒粒的汇报就没有归类，而威威用一句话概括，简单明了，降低了理解成本。

人的大脑记忆天生就倾向于有序的东西，在表达上亦是如此，表达观点要归纳分类、有序、凸显逻辑。

案例 18

粒粒正准备出去散步，粒粒妈妈说："你顺便买点东西回来，买一点葡萄和牛奶，家里没有了，再买一点土豆和胡萝卜吧，我有点想吃了。"当粒粒已经开门要出去时，听见妈妈说:"还有鸡蛋和咸鸭蛋。"正要关门,妈妈又加上了一句:"苹果、酸奶不要忘了!"粒粒出门想了想,发现好像记乱了,总感觉少记了什么东西,于是回家又问了妈妈一遍,并按照下面的方式重复说给妈妈听:"我需要买3类共8种东西,分别是蛋奶制品,包括牛奶、酸奶、鸡蛋和咸鸭蛋;水果,包括葡萄和苹果;蔬菜,包括土豆和胡萝卜。"这样一来,粒粒肯定不会买错了。

逻辑递进讲究结构,从时间结构到空间结构,从现象到本质,从整体到局部,从内到外,从分到合,无一不是逻辑递进的结构。

信息分类、重组的过程可以分为归纳和演绎两种方式,细分为四种逻辑顺序:

(1)时间顺序,即按照事情发生的先后顺序划分。比如,先做什么,再做什么,最后做什么。今天如何,明天如何,后天如何。

(2)结构顺序,即按照空间和结构的顺序划分。比如,将公司业务按部门来分类,市场部、技术部、人力资源部、行政部、销售部等。再比如,将公司业务按地域来划分,北京、上海、广州、深圳等。

(3)重要性顺序,即按照事情的重要程度进行划分。时间管理四象限法则就是采用了重要性顺序。

时间、结构和重要性,这三种逻辑顺序属于归纳法。比如,要做一份工作计划,可以按时间顺序来划分,长期目标是什么,中期目标是什么,短期目标又是什么;也可以按照结构顺序来划分,行政部、人力资源部、销售部分别要做到什么标准。

(4)逻辑演绎:"大前提+小前提+结论"的三段式顺序。比如,所有的人都免不了犯错误,这是大前提;你是人,这是小前提;最后得出的结论是你也会犯错。

这四种逻辑顺序是重构思想的方法和工具。通过这4种逻辑顺序,我们就可以组织出清晰明了的思路。

3. 三点式结构,主次分明。人的记忆力是有限的,如果把一堆信息无序地表达出来,人的大脑就会一片混乱,很多信息无法记下来。记忆心理学家乔治·米勒于1956年发表的一篇文章中指出,人类大脑一次性无法同时记住七个以上的项目,三个是最合适的。彼得·迈尔斯教授也指出,要严格地将中间部分的讲话归纳为三个要点,即使你确定至少有17个要点要阐述也是如此。

案例 19

麦肯锡咨询公司有一个著名的"30 秒电梯理论",即要求每一个业务员在 30 秒之内把自己的想法表达清楚。这个理论来源于麦肯锡一次沉痛的教训。有一次,麦肯锡公司为一个重要的大客户做咨询,咨询结束的时候,麦肯锡的项目负责人在电梯间里遇见了对方的董事长,该董事长问麦肯锡的项目负责人:"你能不能说一下现在的结果呢?"由于该项目负责人没有准备,而且即使有准备,也无法在电梯从 30 层到 1 层的 30 秒钟内把结果说清楚。最终,麦肯锡失去了这一重要客户。

麦肯锡为此要求员工表达要点不得超过三条,短时间内把结果表达清楚,这就是"30 秒电梯理论"。

三点式的表达结构能帮助我们整理杂乱无章的信息,听者也会很容易理解我们要表达什么。具体的表达方式如下。

我要说的有三点:第一点是……;第二点是……;第三点是……。

从内容的逻辑关系看,以上表达方式体现了下面两种结构:

(1)平行结构。比如,接下来我会从三个方面总结一下今年的情况,第一是销售方面,第二是业务方面,第三是公司团队建设方面。

(2)递进结构。比如,整理课堂笔记的重要性有三点,第一点可以有效调动你在课堂上的注意力,第二点可以帮助你掌握老师当时讲的知识点,第三点是在此基础上可以在课后加深印象。

说话之前,心里就要对即将说出的内容进行一个全盘的规划,确定自己说话的目的、想要表达的结论及希望达到什么样的效果。在整体把握后,组织语言和明确三个要点,这样就可以让你的表达变得更加清晰而有逻辑。

敲黑板

工作汇报三步走:1. 结论先行;2. 归纳分类;3. 三点式表达结构。

(四)如何高效组织会议

上述提及的工作汇报多为一对一的形式。在企业中,员工的周期性工作汇报常常是在例会中进行,也就是多人汇报的场景。多人汇报相当于组织了一场会议,下面就来说说如何高效开会。

1. 会前要确定会议主题。会议想开得有效果，切实解决问题，会议之前就要明确会议的议题、议程、与会人员等内容。

2. 准备会议资料，调试会议设备。会议组织者应提前准备好与议题相关的背景资料，与会者则准备好汇报内容或问题，让大家有准备地来开会。

会议当天，组织者要对投影仪、电脑等会议辅助设备和工具进行检查调试，以确保会议进行时能正常使用。如果是线上会议，需提前预约好会议室，并提醒与会人员下载好会议软件，并确保网络稳定。

3. 制定明确的会议议程，并严格按照议程进行。确定明确的发言顺序，同时在会议过程中，会议决议需要找专人进行记录。会议决议的有关事项一定要具体到责任人、具体完成时间节点以及具体执行动作。

4. 通报上次会议决议完成情况。将上次会议形成的会议决议的完成情况进行通报，避免议而不行的问题，形成"问题—会议—追踪—解决"的闭环。

5. 会议要有决议

会后要对会议内容进行整理，形成会议记录和决议，并给每位参会人员留存，用以提醒有关人员在商议的时间节点完成相应的工作。

总而言之，高效地开好一个会议就是要"会前有准备、会中要控制、会后要追踪"。

（五）PPT制作技巧

随着多媒体技术的发展，汇报工作的方式也越来越多样化。制作PPT进行汇报和展示，能给人留下更直观、更深刻的印象。

1. PPT设计思路

（1）确定目标，构思大纲。

（2）组织素材（文字/图/表/多媒体）。

（3）依次导入PPT中。

（4）调整结构，修改内容。

（5）选择模板或自行设计。

（6）设计版式、切换动画。

（7）预演排练。

（8）正式宣讲。

2. PPT设计要点

(1) 图片的使用：言不如字，字不如表，表不如图。

(2) 尽量用图片说话，讲故事。

(3) 必要时图片用动画方式会更生动。

(4) 提炼关键字——使用标题。

(5) 利用行间距留白。

小结

职场人士不可避免地要与上司沟通、向上司汇报工作，因此要多多锻炼自己的逻辑表达能力，养成说话突出重点、条理清晰的习惯。

四、角色转变

把社会作为一个人生的舞台，人的社会角色就是人在社会活动中所扮演的人物。人在一生中要扮演多种角色，会发生多次的角色转换。

（一）从"校园人"到"职业人"

大学生从学校毕业到一个新的单位工作，就是一次角色转变的过程，即由"校园人"转变为"职业人"。那么，学生角色与职场新人的角色有何不同呢？

 **练习26　从"校园人"到"职业人"**

分小组讨论"校园人"和"职业人"的区别，试着从承担的责任、享受的权利、环境和氛围、人际关系四方面做比较，完成表8-3。

表8-3　　　　　"校园人"和"职业人"的区别

角色	承担的责任	享受的权利	环境和氛围	人际关系
校园人				
职业人				

通过比较得知，"校园人"角色与"职业人"角色的不同在于："校园人"角色一般需要接受家庭资助，用于学习知识、培养能力、提高素质，为自己踏入社会做准

备。"职业人"角色是指在某一职位上，依靠自身的知识和能力，按照一定的规范具体开展工作，为社会做出贡献的同时获得相应的报酬。

（二）角色转变的准备

从"校园人"到"职业人"的过程中我们也许会产生各种各样的困惑，比如：我能适应工作吗？我的专业知识有多少用得上？我跟同事怎样才能处好关系？等等。那么这些困惑该如何解决呢？

从学校到社会，从"校园人"到"职业人"，这个过程总是会有茫然与苦闷相伴随。要适应全新的工作环境和人际关系，要做好以下准备。

1. 心态准备

毕业后刚进入职场的大多数人都要从基层做起，要学会适应艰苦、紧张而又快节奏的基层生活。职场新人要做的工作以日常性的事务居多，专业性的工作一般要经过企业的再培训之后才能胜任。

我们不仅要明确自己的职业角色，即了解"我该做什么"，同时也要多了解企业文化、业务流程、公司制度等。由于我们刚进入社会，缺少社会经验，可能不习惯一些制度，这时，千万不要用自己的习惯去改变环境，而是要学会入乡随俗，适应新的环境。

2. 技能准备

企业一般都会对职场新人进行新员工入职培训，我们要多学多看，多虚心请教，才能积累工作经验。也许我们的文凭可能比公司里一些前辈要高，但是学校比较注重的是理论知识的学习，而职场更注重动手能力和累积的经验。

在企业中，缺乏实践经验很难得到发展，因此职场新人要努力提升自己的知识技能，以适应岗位需求，也为今后的职业道路打下基础。

3. 人际关系

作为职场新人，我们需要与同事、领导和客户建立新的关系。只有建立了良好的人际关系，我们才能在工作中得到他人的关注和支持，才能更好地为自己的成长积累人脉。

我们要放下"天之骄子"的想法，虚心向同事学习工作经验。以实事求是、诚心待人的态度与人沟通交往，缩短与周围同事之间的距离。在自己受到委屈或误解时，胸怀大度，冷静处理；在工作中出现失误时，应主动承担责任。人际关系处理好了，在工作和生活的各方面，领导和同事都会给予积极帮助，对自身的成长大有裨益。

> **小结**
>
> 由"校园人"到"职业人"的角色转换,在每个人一生的经历中都占据着十分重要的位置。这个过程不仅仅是身份的转变,更是思想、心态和行为的转变,是一个人走向成熟的过程。只有思维转变了,心理状态调试好,行为上逐渐符合职场的需要,才能更快地度过转变期,融入职场环境,找准自己的定位,最终找到属于自己的舞台。

五、沟通能力

美国普林斯顿大学对一万份人事档案进行分析,结果发现:智慧、专业技术和经验只占成功因素的25%,其余75%取决于良好的人际沟通。

哈佛大学职业指导小组调查结果显示,在500名被解雇的人员中,因人际沟通不良而导致工作不称职者占82%。

沟通是为了一个设定的目标,在个人或群体间传递信息、思想和情感,以求达成一致的过程。

(一)沟通的重要性

1. 良好的沟通可以改善人际关系,促进人与人之间的了解。
2. 可以提高管理工作的效率。
3. 可以让我们变得更受欢迎,获得团队成员更多的支持和理解。
4. 沟通是团队协作的桥梁更是润滑剂。
5. 沟通能够激发团队成员的热情和鼓舞大家的士气。

(二)沟通的类型

1. 语言沟通:口头沟通、书面沟通、互联网沟通。
2. 非语言沟通:肢体语言。

某研究证明,在沟通中有55%的信息是通过肢体语言传递的。信息的全部表达=55%肢体语言+38%声音+7%语调,如图8-4所示。

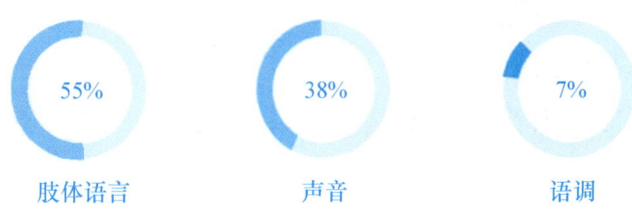

图 8-4　沟通中的信息要素构成图

 **练习 27　"眉目传情"**

三个人一组,每组选派两名学员参加,一名学员面向全体学员通过肢体语言描述讲师提示的成语,另一名学员面对其站立,通过观察猜出成语。

(三) 有效沟通

信息在传递过程中因为一些客观或主观的原因,很容易被遗漏或丢失,直接影响沟通效果,甚至会因误解而产生相反的效果。那么,如何进行有效沟通呢?图 8-5 所示是沟通模型图。

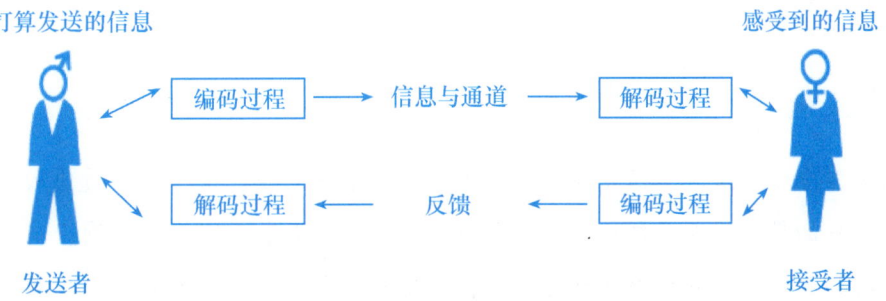

图 8-5　沟通模型图

1. 会倾听

首先要学会倾听和理解他人,然后再被他人理解。倾听过程中要努力适应讲话者的风格,耳眼并用,全面掌握言语和传达的信息,同时鼓励讲话者尽情表达,通过倾听获取全部信息。

2. 会说

(1) why:知道为什么说。

(2) what:知道说什么。

(3) when:知道什么时候说。

（4）who：知道对谁说。

（5）how：知道怎么说。

（6）where：知道在什么地方说。

3. 会提问

（1）提问要有目的。

（2）提出的问题应紧扣主题。

（3）提出的问题要少而精。

（4）问题表达要明确。

4. 勤反馈

沟通中及时反馈能让对方知道现状和真相，了解计划想做的与实际所做的存在的差异，及时指出存在的问题，及时消除误解。沟通时应多给正面的、建设性的反馈。

工作中大部分的问题都是由沟通造成的，沟通的本质不在于你说了什么，而在于别人听懂了什么。

假设在准备路演时，部长安排你负责会场的清洁工作，由于工作量比较大，你将自己大部分的精力用在了打扫大厅、通道和厕所上，而对于窗户和门则没有投入太多的精力打扫。今天主管检查会场卫生时，发现窗户和门都没有擦干净，你将如何向主管解释这一情况。

（四）沟通的策略

1. 上行沟通。上行沟通是指下级向上级报告工作情况、提出建议和意见，或表达自己的意愿等。上行沟通是领导者全面了解和掌握组织情况的重要途径，是集体决策的重要依据。良好的上行沟通有助于领导掌握真实的情况从而作出符合实际的决策。

上行沟通的程序和要点：

（1）要仔细聆听领导的命令。

（2）与领导探讨目标的可行性。

（3）拟订详细的工作计划。

（4）在工作进行中随时向领导汇报。

（5）在工作完成后及时总结与汇报。

2. 下行沟通。下行沟通是指资讯的流动由组织层级的较高处流向较低处，通常下行沟通的目的是控制、指示、激励及评估。

赞扬下属的技巧：

（1）尽量以公开的形式赞扬下属。

（2）给予态度方面的鼓励。

（3）注意运用面部表情及肢体语言，加强说服力。

（4）要肯定员工自身的能力。

批评下属的技巧：

（1）学会暗示。

（2）善用忠告。

（3）多用提醒的语言。

3. 平行沟通。平行沟通是指组织内同层级或部门间的沟通，如员工之间的沟通，管理者内部之间的沟通。有效的平行沟通通常可促进协调和提高工作效率。

部门之间沟通的技巧：

（1）培养良好的人际关系，营造良好的沟通氛围。

（2）学会简化流程，尽量使用图表或者数据进行简洁直观的表述。

（3）不同部门在沟通合作之前，应该共同指定一位工作人员或者一个部门作为中间连接人或者部门，承担不同部门的中介连接功能，以及出现矛盾后的调解功能。

（4）追踪过程，及时协调资源，调整进度。

案例 20

粒粒在实训营期间进入市场部，并负责编写路演通讯稿。在拟写路演通讯稿时，粒粒向人事部有关学员确认参与路演的企业名单和嘉宾名单，并询问会不会出现人员变动，那位学员承诺会将变动及时告知粒粒。于是，粒粒就依据这份名单初拟了路演通讯稿。

路演当天，一切都进行得很顺利。完成路演后，市场部负责拍照的学员把活动照片交给粒粒，粒粒将图片与通讯稿文字稍加编辑后就发了出去。没想到通讯稿刚发出，就有其他学员指出粒粒把两位嘉宾的名字写错了。原来有两位嘉宾临时有事，所以换了另外两个人来参加，可粒粒对此并不知情，导致出了错。

粒粒觉得错不在她，因为提供名单的那位学员没有及时给她更新后的名单。可对方也觉得委屈，他是路演当天才得知那两位嘉宾临时不来，根本不知道新到场的嘉宾姓名。两人相互埋怨，为此闹得不太愉快，粒粒甚至想直接告诉实训营的讲师，为自己洗刷"冤屈"。

你认为造成这个错误的原因是什么？是谁的责任呢？如果你是粒粒，你会怎么处理与那位学员的矛盾呢？

首先，这次嘉宾名单事件，看似只是粒粒和那位学员在沟通过程中出现信息断层，但其实它涉及了多个部门的沟通。路演筹备工作由市场部与人事部负责，但路演当天的签到工作是由行政部负责的，所以粒粒当天应该向行政部确认名单。

职场中很多工作都需要跨部门进行沟通和协作，如果粒粒和那位学员能提前想一遍工作流程，便能意识到提前拿到的嘉宾名单只能作为参考，真正的名单要以当天实际情况为准。这样一来，在路演筹备阶段就能与行政部做好沟通，并要求其及时反馈最新名单。

那么，粒粒如何跟那位学员化解矛盾呢？他俩虽属于不同部门，但属于平级关系的同事，同事之间的问题，可以先试试自行解决，别忙着找领导。

哈佛大学心理学家、沟通和谈判专家丹尼尔·夏皮罗在《不妥协的谈判》中提到，只有把自己和对方联系在一起，才是高效解决争执的办法。我们要抛开对立的情绪，在两个人之间想办法找到合作关系。一旦开始合作，就可以客观地看待两个人的分歧，不会把它演变成争执。其次是共情，在两个人争执的过程中，都会感受到一定程度的痛苦，人都是不喜欢被否认的。这个时候要学会换位思考，去想想对方的痛苦也许在你之上，从而稳定情绪，继续进行沟通。

这次嘉宾名单事件两个人都有责任，粒粒不妨主动找到那位学员，表明自己工作的不足之处，再说明自己的态度是对事不对人，况且两人的初衷都是为了把工作做好。只要两人不把问题看成是"我跟你"之间的事情，而是当作"我们跟问题"之间的事情，就相当于站到了统一战线，有了共同的目标，这样自然而然就避免了人际冲突。

> **小结**
>
> 沟通可以达成合作、促进工作，但是沟通并不简单，也需要技巧。学会倾听、学会表达、敢于提问、及时反馈，培养有效沟通的意识，能让我们的沟通事半功倍。

六、压力管理

（一）压力与压力来源

压力是人去适应由周围环境引起的刺激时身体或者精神上的反应，它可能会对人的生理和心理健康状况产生积极或者消极的影响。过度的压力会疏远我们的人际关系，降低我们的工作绩效，损害我们的健康，影响我们的生活质量。

压力来源包括个人因素（健康因素、性格特质、自我期望、认知思考习惯等）和环境因素（家庭期望、学校课业、职场竞争、职场转换、经济负担、社会变迁甚至天灾人祸等）。人在面对威胁或机会时，身体和情绪上会受到波动，影响人在心理、生理、行为、情绪上的安全感或自我评价。

（二）压力的类型

依据事件性质，可将压力分为正面事件压力（如升迁或结婚）与负面事件压力（如地震或升迁无望）；依据影响时间，可将压力分为短期压力（如期末考试或参加节庆）与持续压力（如领导期待太高造成的工作负荷）；依据内外因素，可将压力分成特质压力（如易于焦虑、紧张或完美主义的性格）与情境压力（如突然遭受革职或处分）。

压力是生活的一部分，一般人常认为只有那些造成自己不快乐（例如分手或考试不及格）的事才是压力，其实这种想法并不完整。无论事件给个体的感觉是好还是坏，只要有事件发生，个体就都必须耗费能量来应对。例如，结婚是好事，但是筹备婚礼的人会感到物质与精神上的巨大压力；名列前茅是好事，却会因为担心退步而倍感压力；升迁是好事，但也会因为人际竞争和责任加重而感受到压力。

（三）正确认识职场压力

步入职场，我们要正确认识职场压力，并做好应对职场压力的准备。

职场人的压力主要源于以下四个方面。

1. 工作负荷。身在职场，不可避免地会有业绩指标，有时候上司会要求我们在较短时间内完成很多工作任务，长年累月超负荷的运转，会给身心带来压力。另外，如果长期从事某种职业，在日复一日重复机械的工作中，会渐渐产生一种疲惫、困乏，甚至厌倦的心理，在工作中难以提起兴致，打不起精神，只是依仗着一种惯性来工作，这种职业倦怠也会给人造成压力。

2. 人际关系。职场中可能会存在下属对上级授权的误解，同事之间互不信赖，领导方式偏误引起工作氛围不和睦等情况。特别是初涉职场的我们，可能会遇到很多问题，比如不知道怎样和同事相处、不知道怎样与领导沟通等。长期处于一张复杂的人际关系网中，我们的心理上难免会感到冲突和迷茫。

3. 职位升迁。自身职位的晋升要求我们不断补充及尽快掌握所需的新知识。一批又一批年轻的新员工进入公司，激烈的职场竞争要求我们不断以更高标准要求自己，不落人后。晋升后将面临更多的问题，需要更高的掌控能力，对自己能否胜任的怀疑，会造成沉重的心理负担；晋升失败时，会感到被人忽视的压抑，甚至对工作目标充满迷惘。

4. 环境压力。想象一下自己在 CBD 商圈里工作，放眼望去，周围都是高级写字楼，窗外就是蓝天白云，是不是很向往呢？事实上，办公楼环境是一种无形的环境压力，长期处于封闭的工作场所会使人精神紧张、容易疲倦，还有一些企业内部竞争比较激烈，或者盛行加班文化，或者工作环境很沉闷，都会形成一种充满压抑的人文环境。这些无形的压力也可能会给员工造成紧张和不适。

（四）压力管理

压力是一种紧张的状态，是正常生活中的一部分。无论人生如何心想事成、左右逢源，总会有令人烦扰、感到压力的时刻，哪怕是事业成功人士，误会、争执和竞争都可能增加心理负担，造成职场压力。只有适时调节压力，才能保持良好的心态。所以，我们有必要掌握一些压力管理的方法，正确面对和缓解心理压力，帮助我们获得健康的心理和健康的人生。

压力管理可以从两方面着手。

1. 压力源处理

（1）问题处理。认清压力事件的性质→理性思考及分析事情的来龙去脉→确认自己对问题的处理能力→寻求并收集有利于解决问题的信息（包括如何运用家庭及社会的支持）→拟订问题解决计划→保持良好心态，积极处理问题→若尽全力仍不能短时间内解决，则表示难度很高，这时既可以长期不懈努力，也可以考虑放弃。

（2）认知调整。有时候，压力并不像我们所想的那样重。过于忧虑，往往会让人承受过多不必要的压力。有心理学家研究发现，造成压力的事件中，仅有8%的担心是合理的。很多时候，压力过大往往是我们认识上的误区所致，比如夸大问题的严重性，看不到事情积极的一面，忽略问题带来的正面效应，内心的罪恶感、自卑感或厌倦感等。

2. 压力反应处理

（1）舒缓情绪。不良的情绪会干扰问题的解决，情绪失控将使人不能执行拟订好的问题解决计划，甚至会使事态恶化，压力增大。因此，面对压力，首要且关键的一步是舒缓情绪，只有在平静的心态下，才能头脑清醒地看清形势并想办法解决问题。

（2）生理反应的调试。感到压力时，要主动进行放松训练，如肌肉松弛训练、想象放松练习等，这样可以减缓心跳、降低血压和肺部氧气的消耗，从而使身体各器官得到休息。另外，也可以适当做一些运动，使紧张的生理反应平静下来。

 **求职小贴士**

肌肉放松训练：轻松地坐在椅子上或平躺在床上，训练自己放松，体验放松的身体状态，默念以下四个步骤：注意身体的平衡→尝试去感觉心跳→控制呼吸，轻轻地吸进来再慢慢地呼出→在心中强烈地暗示自己，让我的手温暖起来。重复这四个自我暗示的步骤，持续15分钟，每天至少一次。

（3）行为调试。避免不适当的宣泄行为，如滥用药物、酗酒、大量抽烟或者进入不良场所，以免给自己造成不必要的伤害。应当进行正当的娱乐休闲活动，如参加同学聚会、做体育运动、参加公益活动及其他团体活动等。经常进行有益的运动、参加有益的活动能有效驱除不良心境，促进精神状态的改变，使思维活动更积极、更有效率。

每个人都可能遇到不如意、不顺心的事，都会承受心理压力。当我们觉察到的时候，就是改变的开始。我们要学会看到压力、直面压力，进而缓解压力、释放压力，最终接纳压力，把压力转化为激活生命能量的动力。

 **案例 21**

在路演筹备过程中，威威感觉自己负责的行政工作事务比较繁杂，好像什么都要管，忙得"焦头烂额"，而且感觉自己较难融入小组。威威把自己的窘境告诉了粒粒。

粒粒认真倾听了威威在路演筹备工作中遇到的困难。其实，通过职业性格测试、职业兴趣测评等，威威知道自己的优点在于工作仔细、有毅力，做事有条理、责任心强，也很适合做行政工作。但为何威威在实际工作中会感到如此困难呢？

原来，威威在路演筹备过程中，个人的挫败感很强，"上司"和"同事"经常会对他的工作提出意见和建议，他认为自己已经尽全力去完成工作，却总是得不到肯定。而且有时候他想提出自己的观点和理由，却由于沟通能力的短板，一时难以充分地表达自己，感觉无法很好地融入团队，有点孤立。同时，每天都会有不同的工作任务布置下来，且都有完成的时间节点，面对繁杂的工作，威威有时感到无从着手，一时很难适应目前的工作强度和工作节奏。就这样形成了恶性循环，手上的工作越积越多，压力越来越大，心情越来越郁闷。

大多数应届毕业生刚迈入职场，都会因角色转换而感到很大的压力。在大学里往往表现突出、游刃有余，可是一旦参加工作就觉得不适应，有压抑感。威威在路演筹备过程中的感受也是如此。要解决威威的困惑，需要正确认识职场压力，了解职场中会遇到的各种压力源，并进行有效的压力管理。

粒粒与威威一同分析了他的职场困惑，其实他与岗位的匹配度还是比较高的，对于工作性质和内容也是比较喜欢的，而他现在最大的问题在于没有具备很好的职场压力管理能力。

第一，威威没有意识到，"上司"及"同事"提出意见或建议是为了帮助他更好地完成工作，他没能及时反省和改正，反而形成了较强的挫败感，阻碍了自身进步。如果在职场中遇到此类问题，应充分了解这份工作的具体要求，如任职要求、工作强度等，在工作中善于接受建议和批评的声音，调整好心态，把这些声音理解为前进的目标和方向，增强自己的抗压能力，勇于面对挫折，不断完善自我。

第二，威威无法在工作场所建立良好的人际关系，工作中与"上司"及"同事"沟通不畅，一味埋头苦干，不能很好地融入团队，长此以往被边缘化。很多人在实习或工作中都会体会到与同事相处不够好带来的压抑感，威威也在路演筹备过程中进一步认识到了职场和谐人际关系的重要性。建立良好的人际关系是工作中必不可少的润滑剂。性格比较开朗的粒粒建议，威威可以多向团队成员们请教工作中遇到的问题，休息时间也可以多与大家交流沟通，增进彼此的了解，更好地融入工作团队，营造和谐愉悦的职场氛围。

第三，处理工作缺乏条理性，不能适应工作节奏，没有较好的时间管理能力。在路演筹备过程中，很多事务都需要行政部门的"工作人员"进行联络和处理，所以工作比较繁忙、头绪多，工作强度比较高。威威与粒粒一起回顾了时间管理的一些方法，将工作任务按照轻重缓急列出一个计划表，然后有条有理地解决问题，提高工作效率，以适应快节奏高效率的工作环境。

在与粒粒倾诉和探讨后，威威又树立起了自信心，全面认识了职场、岗位的要求以及自身的优劣势，正确认识和调节职场压力，希望通过自己的不断努力，能够逐渐从一个青涩的职场新人蜕变成一个成熟的职场达人。

七、会务接待

成功举办一场路演，离不开各部门的相互配合，少不了所有人员的协力推进。虽然在筹备过程中每个人的任务各不相同，路演当天也有各自的岗位职责，但是路演期间，企业代表或参会者并不知晓工作人员的具体工作安排，他们也许会随机询问附近的工作人员，所以每一个人都有可能接待企业代表或其他参会人员，我们是否能恰当得体地给予回应、体现良好专业的职业形象呢？这时任何一名工作人员的仪态举止都代表了整个路演运作团队的形象。

其实，当我们真正进入职场，不管属于哪个部门、担任哪个岗位，都有必要了解和学习基本的职场礼仪，提升个人的职业形象，开启良好的职场人际关系。而会务接待礼仪是职场礼仪的重要组成部分，也是我们留给企业方的"第一印象"。

（一）迎接礼仪

迎接礼仪是指引导人员带领客人到达目的地的过程中应该具备的正确的引导方法和引导姿势。引导人员一般走在客人左手侧或外侧，与客人距离2~3步，配合客人步调；遇到拐角处要有手势指引，并说"这边请"；不能自顾自走，要时时照顾客人。

引领时需要注意：

1. 步伐不宜过快或者过慢，根据客人的速度调整自己的步伐。

2. 如果客人不止一人，或者正在交谈，需要走在客人前两米左右，边走边回头看看客人是否跟上，或者是否有其他需要。

3. 正确的引导姿势是：掌心向上，四指并拢，大拇指张开，以肘关节为轴，前臂自然上抬伸直。上体稍向前倾，面带微笑，眼睛看着目标方向并兼顾对方是否意会到目标。

练习 29

分组讨论，想一想在表 8-4 中三种对应场所引导时应该注意哪些事项？可以进行角色扮演，做模拟引导。

表 8-4　　　　　　　　三种对应场所中引导时的注意事项

对应场所	引导时的注意事项
1. 进出电梯	
2. 走廊上	
3. 楼梯上	

（二）签到、引座礼仪

1. 根据需要准备签到台、笔、签到表、茶水及 1~2 名工作人员。

2. 引导人员应提前十分钟站在会议大楼或会议室门口迎接，并根据需要引领客人至指定座位或相应接待点。

3. 如果引领客人到座位，则为主要客人提供拉椅服务。

（三）开、关门礼仪

1. 一般情况下，进出办公室的房门应用手轻推、轻拉、轻关，态度谦和，讲究顺序。

2. 进入他人房间一定要先敲门，敲门时一般用食指有节奏的轻巧两三下即可。进出房门时，开关门的声音一定要轻。

3. 如果与同级或同辈者进入房门时要互相谦让一下，走在前面的人打开门后，要为后面的人扶着门，最后进来者要主动关门。

4. 如有尊长、客人进入时，应拉开并固定房门，再请尊长和客人进入，如果是旋转式大门，则应自己先迅速过去，在另一边等候。

注意：无论进出哪一类门，在接待引领时，一定要"手""口"并用且到位，即运用手势要规范，同时要说诸如"您请""请这边走""请各位小心"等提示语。

(四)会场和会议室的座次安排

1. 会场的座次安排

当主席台人数较多时,可设立1排以上的主席台,领导分排就座。以面向台下为例,当主席台人数为单数时,1号人员居中,2号人员在1号人员左手位置,3号人员在1号人员右手位置,以此类推,如图8-6所示。

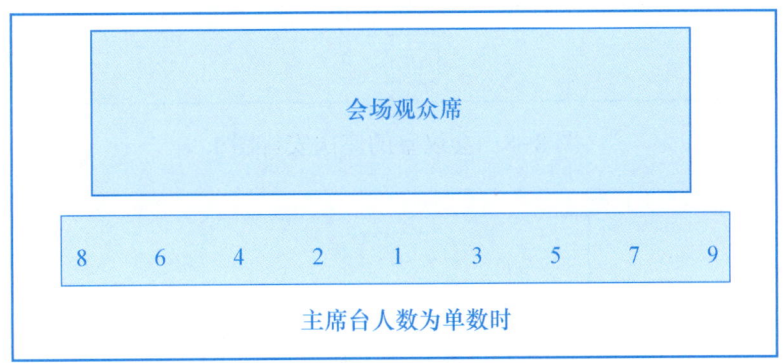

图8-6　主席台人数为单数时座次安排图

当主席台人数为双数时,1号人员在中心点偏右的位置,2号人员在中心点偏左的位置,即1号、2号人员之间的中心点即为主席台的中心点,3号人员在1号人员右手位置,以此类推,如图8-7所示。

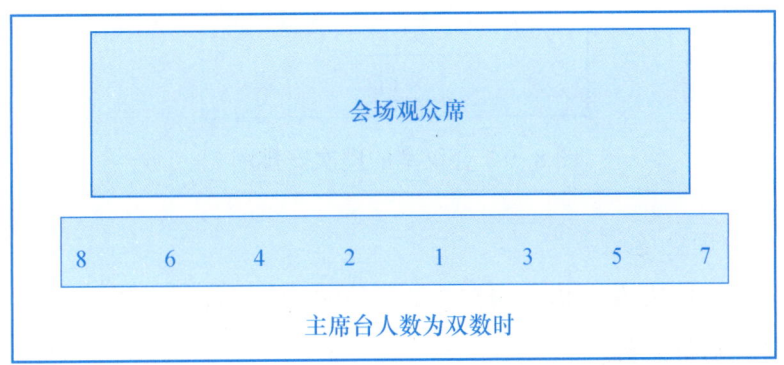

图8-7　主席台人数为双数时座次安排图

2. 会议室的座次安排

A为上级领导,B为主方,会议室的座次安排具体如图8-8、图8-9所示。

(五)会议结束

1. 主动为客人拉门,站在门口微笑送客。
2. 对会场进行检查,查看客人有无遗留物品,检查设施设备有无损坏。

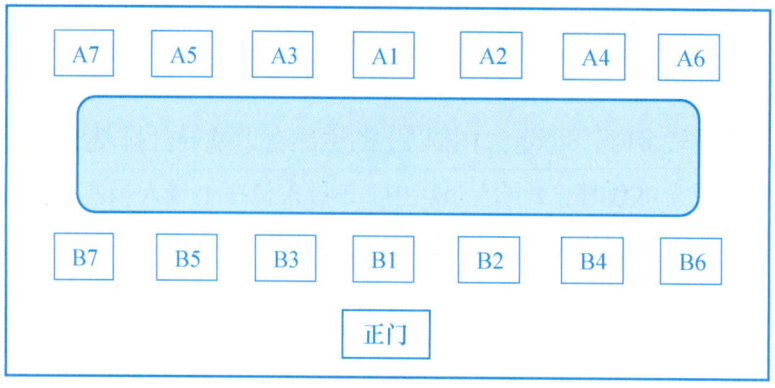

图 8-8　会议室的座次安排图 1

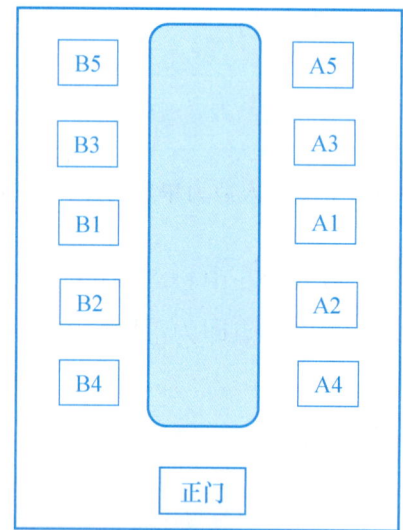

图 8-9　会议室的座次安排图 2

3. 收拾、整理会场。

4. 会议期间如需提供茶歇，应在茶歇开始前 15 分钟准备好咖啡、小食品及水果等；客人茶歇时做好服务。

（六）接待一般访客的礼仪

1. 以愉快的心情向来访者打招呼，坐着的人员需要站起来向来访者表示欢迎，注意称呼。

2. 问清客人身份，欲访何人，所为何事，是否预约等，填写来访客人登记表。

3. 请客人稍候，为客人联系要找的负责人，征得负责人同意方可引导前往。

4. 客人到来时，如果我方负责人由于种种原因不能马上接待，要向客人说明等待理由和等待时间。若客人愿意等待，应该向客人提供茶水、杂志，并询问是否需要连接 Wi-Fi。接待人员引领客人到达目的地，应使用正确的引导方法和引导姿势。

5. 客人要找的负责人不在时，要明确告诉对方负责人何时回来，并请客人留下联系电话和地址，明确客人是否会再次前来，还是需要我方负责人前去拜访。

小结

树立第一印象永远没有第二次机会。因此，在职场交际中，务必谨记要让他人感受到我们的职场素质，尤其在接待他人时，更要注意自己的一言一行，塑造良好的企业形象，提高沟通和办事效率。

八、职场礼仪

职场礼仪是指人们在职业场所中应当遵循的一系列礼仪规范。职业上的成功，一方面取决于我们的潜力、能力、工作态度，另一方面也取决于平时的举手投足、行为举止。一个善意的微笑，一次目光的交流，就能赢得他人的信任与理解，甚至获得成功。

职场礼仪主要包括个人仪表仪态和职场社交礼仪。

（一）个人仪表仪态

仪表是指人的外表，包括人的容貌、姿态、服饰和个人卫生等，能反映人的精神面貌。

敲黑板

仪表的一些基本要求：

◆头发干净整洁，不宜留太新潮的发型。

◆保持面部、口腔卫生洁净，不留长指甲。女士宜淡妆上岗。

◆全身服饰颜色在 3 种以内，鞋子光亮整洁。女士裙子长度适宜；男士着深色袜子。

仪态礼仪指人们在身体姿态、面部表情、体态举止方面的礼仪规范。仪态是个人涵养的一面镜子。

1. 坐立行

（1）"站如松"：标准站姿要求头正、颈直、肩平、挺胸、收腹。

（2）"坐如钟"：要求入座要轻，不坐满椅子，坐椅子的三分之二。双膝自然并拢（男士可略分）。

（3）"行如风"：抬头挺胸，手臂自然摆动，女士步伐轻盈，男士步伐稳重。

练习30

两人一组，分析对方在日常站姿、坐姿、行姿的仪态方面有哪些不足，记录在表8-5中，并多加练习，改掉不良仪态。

表8-5　　　　　　　　　　不良仪态改善表

不良仪态	如何改善	预期成效

2. 面部表情。每个人都有运用表情表达自己内心世界的本领，也能从别人细微的表情变化中捕捉到他们内心的情感变化。正因为表情具有传情达意的重要功能，因此它也是职场交往中一种很重要的交际手段。

（1）目光：与人谈话时，大部分时间应看着对方，目光自然。不能左顾右盼，也不要紧盯着对方。道别或握手时要正视对方的眼睛。

（2）微笑：精神饱满，给对方发自内心、真实亲切的微笑。

（二）职场社交礼仪

职场社交礼仪是指人们在工作情境下，人际交往过程中所具备的基本素质和交际能力，它对建立积极的人际关系、营造和谐的工作氛围具有重要作用。

1. 通话礼仪

（1）确定合适的时间拨打电话，休息时间尽量不打电话。

（2）接听或拨打电话时先问好，通话的开头语直接影响对方对你的态度和看法，注意使用礼貌用语。

（3）通话内容尽量简单扼要，适时结束通话。

（4）拨打电话时，若要找的人不在，可以请教对方合适的联系时间或其他可能联系的方式，也可以请求留言。

2. 介绍礼仪

（1）介绍他人时，掌心向上，手背向下，四指伸直并拢，拇指张开，手腕与前臂成一直线，以肘关节为轴，整个手臂略弯曲，手掌基本上抬至肩的高度，并指向被介绍的一方。

（2）介绍自己时，右手五指伸直并拢，用手掌按自己的左胸，注意不要用大拇指指着自己。

（3）介绍时，应目视对方或大家，表情要亲切坦然，态度要保持自然、友善、随和。注意不要用食指指点别人。

3. 握手礼仪

（1）与人握手时应面含笑意，注视对方双眼；神态要热情、友好而又自然；同时，问候语也是必不可少的。

（2）若他人先伸出手，不要迟迟没有回应，或是一边握手一边东张西望，或忙于跟其他人打招呼，这都是不礼貌的行为。

（3）向他人行握手礼时应起身站立，以示对对方的尊重。

（4）与人握手不可以不用力，否则会使对方感到缺乏热忱与朝气；同样不可以拼命用力，否则会有示威、挑衅的意味。

（5）握手的全部时间应在3秒内，不宜过短，也不宜过长。

（6）握手顺序：主人、长辈、上司、女士主动伸出手，客人、晚辈、下属、男士再相迎握手。

4. 名片礼仪

名片是工作过程中重要的社交工具之一，交换名片时也应注重礼仪。名片通常会标明我们所在的单位和职务，是代表公司和本人的一种表现形式，因此，在使用名片时要格外注意。

（1）递交名片的礼仪。在职场交换名片时，往往不止与一人交换名片，而通常是要与多人交换名片。在与多人交换时，应讲究先后次序：或由近而远，或由尊而卑进行。

（2）递交名片的步骤

1）起身站立，走近对方，以示尊重。注意不要坐在席位上，以较随意的方式递名片。

2）使用双手或右手将名片正面朝向对方后递出，让对方可以直接看到名字。若对方是外宾，将名片上印有英文的一面朝向对方。

3）递名片时，嘴里要有谦恭之语，如"多多关照""请多指教"等。

（3）接受别人名片的步骤

1）站起身接受对方递过来的名片。

2）双手或用右手接过，不要只用左手接过。

3）接过名片后，要从头至尾把名片认真默读一遍，表示重视对方。

4）看过名片后，要将名片放到名片包或上衣口袋内，不要放在裤兜内或乱放。

 练习31

两人一组，分别体验递交名片及接受名片的方法，注意表情和递接的方式和步骤，可记录在表8-6中。

表8-6　　　　　　　递交及接受名片观察记录表

观察内容	对同伴的观察记录	对自我的观察记录	如何改善
表情			
递交方式			
步骤			
其他			

 小结

这些礼仪规范都是我们在路演过程中可能用到的礼仪，比如邀请企业时要注意通话礼仪；参会者到达会场后要运用接待、引导礼仪；与参会者交流时要运用握手、介绍礼仪；上台展示自己时要留意仪表仪态等。只要熟练掌握这些礼仪规范，就能大大提高个人的职业形象，给自己创造更多的就业机会。

目录

档案 1　绘制我的 6 维自我介绍图 /001
档案 2　我的部门 /002
档案 3　五指图游戏 /003
档案 4　绘制我的生涯彩虹图 /004
档案 5　我的职业价值观 /005
档案 6　测量我的职业兴趣 /006
档案 7　测测我的 MBTI 职业性格 /007
档案 8　夸夸我自己：成就事件回忆表 /009
档案 9　夸夸我自己：成就故事、能力探索表 /010
档案 10　夸夸我自己：能力提升表 /012
档案 11　对发现新机会的思考 /013
档案 12　我的职业访谈 /014
档案 13　我的家庭职业树 /015
档案 14　职业访谈结果梳理表 /016
档案 15　梳理我的意向岗位 /017
档案 16　完成我的岗位匹配表 /018
档案 17　计算我的职业决策平衡单 /019
档案 18　准备我的个人简历 1 /020
档案 19　准备我的个人简历 2 /021
档案 20　准备我的个人简历 3 /022

档案 21　准备我的求职信 /023

档案 22　记录我的模拟面试 /024

档案 23　走近我的意向岗位 /025

档案 24　书写我的自我分析报告 /026

档案 25　制作我的个人求职计划 /027

档案 26　记录我的岗位投递信息 /028

档案 27　记录我求职过程中的努力轨迹 /029

档案 28　我的面试复盘表 /030

档案 1　绘制我的 6 维自我介绍图

根据 6 维绘画自我介绍法，完成自我介绍图。

求职档案

档案 2　我的部门

我们即将开启职场体验之旅，请记录下你所在的部门信息。

所在的部门	
部门成员	
部门畅想	

档案 3　五指图游戏

请思考你未来可能从事的职业或你曾幻想过的职业,画出你的职业五指图。

档案 4　绘制我的生涯彩虹图

请思考你的一生可能有哪些角色，每个角色从哪个阶段出现，延续到哪个阶段，思考每个角色你会投入的程度。根据彩虹模板，完成属于你自己的生涯彩虹图。

档案 5　我的职业价值观

1. 在刚才的拍卖会中，你买了哪些项目？是否为原先自认为最重要的项目？

2. 有没有你本来想买却没有购得的项目？有何感想？

3. 在拍卖过程中，你的心情如何？

4. 有没有比金钱更重要或比金钱带来更大满足感的事物？

5. 你所看重的项目代表什么价值？在什么样的职业里会得到充分体现？

档案 6　测量我的职业兴趣

1. 选出得分最高的三个字母依次排列，形成你的霍兰德代码：_____。

2. 你的兴趣类型是：_____。该兴趣类型描述中与自己最为相符的语句：_____。

3. 根据霍兰德职业兴趣理论分析，了解与自己兴趣类型特点相适应的职业，其中你会考虑从事的职业有：_____。

档案 7　测测我的 MBTI 职业性格

结合下表中描述的特征，分别在能量倾向、接受信息、处理信息、行动方式 4 个维度上选择符合自己的一种倾向类型，在相应字母前的□内画"√"。将选择的 4 个字母依序填入表格下的横线上。

MBTI 性格类型探索

维度	特征	
	□E——外倾 extroversion	□I——内倾 introversion
能量倾向	注意力和能量主要指向外部世界的人和事，从与人交往和行动中得到活力 1. 关注外部环境 2. 喜欢用谈话的方式进行沟通 3. 通过谈话形成自己的意见 4. 最好能用实际操作或讨论的方式学得 5. 兴趣广泛 6. 好与人交往，善于表达 7. 先行动，后思考 8. 在工作和人际关系中都很积极主动	注意力和能量集中于自己的内心世界，从对思想、回忆和情感的反思中得到活力 1. 关注自己的内心世界 2. 更愿意用书面形式沟通 3. 通过思考形成自己的意见 4. 最好用思考、在头脑中"练习"的方式学得 5. 兴趣专注 6. 安静而显得内向 7. 先思考，后行动 8. 当情境或事件对他们具有重要意义时会采取主动
	□S——感觉 sensing	□N——直觉 intuition
接受信息	通过自己的五官获取实实在在的信息。对周围发生的事观察入微，特别关注现实 1. 着眼于当前的实际情况 2. 现实、具体 3. 关注真实的、实际存在的事物 4. 观察敏锐并能记住细节 5. 经过仔细周详的推理一步步得出结论 6. 通过实际运用来理解抽象的思维和理论 7. 相信自己的经验	通过想象、无意识等超越感觉的方式获取信息。喜欢看事物的全貌，关注事实之间的关联，善于发现新的可能性 1. 着眼于未来的可能 2. 富于想象力和创造性 3. 关注数据所代表的模式和意义 4. 当细节与某一模式相关时才能够记得 5. 靠直觉很快得出结论 6. 希望在应用理论之前先能对之进行澄清 7. 相信自己的灵感

续表

维度	特征	
	□T——思考 thinking	□F——情感 feeling
处理信息	通过分析某一行动或选择的逻辑后果来做出决定，目标是找到一个能应用于所有相似情景的标准或原则 1. 好分析的 2. 运用因果推理 3. 以逻辑的方式解决问题 4. 寻求一个合乎真理的客观标准 5. 爱讲理的 6. 可能显得不近人情 7. 公平意味着每个人都能得到平等的待遇	喜欢考虑对自己和他人来说什么是重要的。目标是创造和谐的氛围，把每一个人都当作独特的个体来对待 1. 善于体贴他人、感同身受 2. 受个人价值观的引导 3. 衡量决定对他人产生的后果和影响 4. 寻求和谐的气氛和积极的人际交往 5. 富于同情心 6. 可能会显得心太软 7. 公平意味着每个人都被作为独特的个体来对待
	□J——判断 judging	□P——知觉 perceiving
行动方式	喜欢将事情管理得井井有条，过一种有计划的、井然有序的生活，从完成任务中获得能量 1. 有计划的 2. 喜欢组织管理自己的生活 3. 有系统、有计划 4. 按部就班 5. 爱制订短期和长期计划 6. 喜欢把事情落实敲定 7. 力图避免最后一分钟才做决定或完成任务的压力	喜欢以一种灵活、自发的方式生活，更愿意去体验理解生活而不是去控制它；善于调节自己适应当前场合的需要，并从中获得能量 1. 自发的 2. 灵活 3. 随意 4. 开放 5. 适应、改变方向 6. 不喜欢把事情确定下来，以留有改变余地 7. 最后一分钟的压力会使他们感到活力充沛

1. 你的 MBTI 职业性格类型是_____。
2. 写下与自己 MBTI 职业性格类型相对应的职业，其中自己感兴趣的职业是：
_____。

档案 8　夸夸我自己：成就事件回忆表

回忆并写下你在生活中做过的带给自己巨大快乐和成功感的 5~7 件事情。每件事情包括以下内容：你要达到的目标是什么，在完成这件事情过程中遇到的障碍是什么，你具体做了哪些事情，取得了什么成就，用什么能够度量自己的成就。把这些内容填入《成就事件回忆表》中，并粘贴在此处。

档案 9　夸夸我自己：成就故事、能力探索表

1. 利用 STAR 法则，写下自己的成就故事。

成就故事 1：

成就故事 2：

成就故事 3：

成就故事 4：

成就故事 5：

2. 经过小组讨论和互相交流反馈，对你的成就事件进行分析，看看自己在其中使用了哪些能力，最后对这 5 件成就事件所使用的能力进行归纳和总结分析，重点分析自己最擅长的能力特征，填入"能力探索表"中，并粘贴在此处。

档案 10　夸夸我自己：我的能力提升表

在心中想象一个特别向往的职业，仔细思考这一职业所需要的能力有哪些？在这些能力当中你已经具备的能力是哪些，还需要发展的是什么？

档案 11　对发现新机会的思考

请自行梳理各就业机会的优缺点,并思考是否会成为你的就业机会,为什么?把你的思考结果填入下表中。

名称	优点	缺点	是否会考虑	原因
我最终思考的结果				
我最终选择的理由				

档案 12　我的职业访谈

请你独立完成一次职业访谈,并将你的"职业访谈记录表"粘贴在此处。

档案 13　我的家庭职业树

请绘制你的家庭职业树。

档案 14　职业访谈结果梳理表

请根据你的职业访谈和职业家庭树,完成你的"职业访谈结果梳理表",并思考:现在你的意向岗位是什么?你对未来的职业期待是什么?

档案 15　梳理我的意向岗位

请你写出至少 3 个意向岗位，填写"意向岗位表"，并粘贴到此处。

档案 16　完成我的岗位匹配表

请根据岗位匹配分析过程,将你的最终岗位匹配结果粘贴在此处。

档案 17　计算我的职业决策平衡单

现在,请你从"意向岗位表"中挑选出意愿较强烈的 3 个岗位,借助职业决策平衡单,进行你的职业决策分析吧。

求职档案

 档案 18　准备我的个人简历 1

档案19　准备我的个人简历2

档案 20　准备我的个人简历 3

档案 21　准备我的求职信

1. 利用招聘网站检索自己感兴趣的企业和岗位,把相关信息填入下面的表格中。

目标企业	
招聘岗位	
招聘信息来源	
我的个人信息及专业背景等	
我为什么适合所应聘的岗位	

2. 根据招聘要求,结合自己的情况,写一封求职信。(注意开头和结尾要按照求职信的规范书写)

档案 22　记录我的模拟面试

请与你的同伴以及讲师进行模拟面试,并用摄像机或录音笔记录全过程。与你的"面试官"一起梳理你目前面试过程中存在的问题。

档案 23　走近我的意向岗位

请跟随你的团队进行一场企业参访,根据如下设计思路了解你的意向岗位,再次确认你的意向岗位。

档案 24　书写我的自我分析报告

根据你的各项职业测评结果及对职业环境的了解，形成自我分析报告。

档案 25　制作我的个人求职计划

请制作你的个人求职计划。然后运用 SMART 原则和 PDCA 循环分析并进一步完善你的个人求职计划。

档案 26　记录我的岗位投递信息

请完成你的"岗位投递信息表"。

档案 27　记录我求职过程中的努力轨迹

　　求职过程中的"自我努力清单"是对求职行动轨迹的反映。反思整个求职过程，把过程中做得好的、有进步的点记录下来，明确下一步你需要努力的方向。

档案 28　我的面试复盘表

　　及时对你的面试进行复盘有助于提高你的面试成功率。请对你的每一次面试复盘，填写在"面试复盘表"中，并粘贴在此处。建议每次面试使用一张表，记得每次及时做好记录。